शरत्चन्द्र
की
श्रेष्ठ कहानियाँ

शरत्चन्द्र

स्काई बुक्स इंटरनेशनल
दिल्ली-110030

ISBN : 978-93-87233-04-1

प्रथम संस्करण : 2019

प्रकाशक : स्काई बुक्स इंटरनेशनल
1/1079 ई, महरौली
नई दिल्ली-110030

शब्द-संयोजक : गुप्ता कम्प्युनिकेशन
शाहदरा, दिल्ली-110032

मुद्रक :

Saratchand Ki Shresth Kahaniyan
by Saratchand

अनुक्रम

ऑपरेशन

प्रेमांकुर आतर्थी और उनके साहित्यिक मित्रों का एक अड्डा था। वहां निमित रूप से प्रसिद्ध उपन्यासकार चारुचन्द्र बनर्जी, सौरीन्द्र मोहन मुखर्जी और कवि सत्येन्द्र दत्त आदि लोग आया करते थे। शरत् बाबू भी कभी-कभी चले आते थे। उनके आने पर लोग उन्हें घेरकर बैठ जाते और कोई कहानी कहने का आग्रह करते। चाय-सिगरेट पीते हुए शरत् बाबू बड़े प्रेम से मुग्ध श्रोताओं को कहानियां सुनाया करते थे। उस दिन उन्होंने बचपन में कराये अपने एक ऑपरेशन की कहानी सुनायी। उन्होंने कहना शुरू किया–

"बचपन में एक बार घुड़सवारी करते समय गिर गया था। उसमें हार्निया का शिकार हो गया। इस बीमारी में कितनी तकलीफ होती है, क्या बताऊं। जब बर्दाश्त के बाहर हो गया, तब एक डॉक्टर के पास गया। देहाती डॉक्टर मर्ज देखते ही भड़क गया। उसने कहा–"इस मर्ज का इलाज मुझसे नहीं होगा। अच्छा हो अगर आप कलकत्ता जाकर किसी अस्पताल में भर्ती हो जाएं। बिना ऑपरेशन के यह बीमारी अच्छी नहीं होगी।"

घर के लोगों ने यह सलाह सुनकर कहा–"अजी, चुप भी रहो। ऑपरेशन-वापरेशन की कोई जरूरत नहीं। डॉक्टरों की यह सब चोंचलेबाजी है। बेकार खून-खच्चर करने से क्या फायदा? यह नहीं होगा।"

लेकिन मुझे सान्त्वना नहीं मिली। एक बीमारी को अपने जिस्म में पालना मुझे स्वीकार नहीं था। दूसरे दिन इधर-उधर से रुपया जुटाकर घर से भाग खड़ा हुआ। किसी को अपना इरादा नहीं बताया। उन दिनों कलकत्ता के प्रसिद्ध अस्पतालों में केवल मेडिकल कॉलेज था, लेकिन वहां जाना आफत मोल लेना था। यह निश्चित है कि घर के लोग वहां पहुंच जाते।

पता लगाने से ज्ञात हुआ कि शहर के एक कोने में डॉक्टर चौधरी नामक एक उत्साही सज्जन ने मेडिकल कॉलेज के साथ-साथ अस्पताल भी खोल रखा है। अस्पताल का भवन पक्का नहीं है, झोंपड़ी की तरह बनाया गया है। खैर, झोंपड़ी ही सही। मैंने यह तय कर लिया कि वहीं जाना ठीक है। इलाज में अधिक दिन लगेंगे नहीं, उसके बाद आराम से घर चला जाऊंगा।

उन दिनों कलकत्ता का आज का रूप नहीं था। बाहरी भाग जंगलों और झाड़ियों से आच्छदित था। दिन में सियार बोला करते थे।

आखिर चौधरी साहब के अस्पताल में आ गया। मेरी बीमारी का हाल सुनकर वे प्रसन्न हो उठे। कहा–"मौके से आये हो लड़के! तुम्हारी किस्मत अच्छी है। कल हमारे यहां के बड़े सर्जन साहब आने वाले हैं, तुम्हारा भी ऑपरेशन हो जायेगा।"

मुझे भर्ती कर लिया गया। छोटी झोंपड़ी में एक खटिया दी गई। वहां जाकर मैं पैर फैलाकर सो गया। लगभग बारह बजे अस्पताल का एक कर्मचारी एक गिलास में जुलाब की दवा लेकर आया। जुलाब लेने के पश्चात् धीरे से कहा–"क्यों मुफ्त में जान गंवाने आये हो! जिसके वश में नहीं होता, वही यहां मरने आता है? मरने के बाद लाश चीर-फाड़ के काम में लाई जाती है।"

यह सुनकर मेरी आंखें फैल गयीं। यह व्यक्ति क्या कह रहा है? क्या यहां बेमौत मरना होगा? सोचा-जहन्नुम में जाए ऑपरेशन! अब यहां से जल्दी नौ-दो ग्यारह हो जाऊं। लेकिन चारों तरफ पहले की हालत देखकर और भी घबरा गया। अजीब मुसीबत में फंस गया। इधर पेट में कड़ा जुलाब पड़ने के कारण कई बार बाथरूम जाना पड़ा था। सारा शरीर शिथिल हो गया। भागने की शक्ति नहीं रही। निर्जीव होकर बिछौने पर पड़ा रहा।

शाम को डॉक्टर चौधरी मुआयना करने आये। उनसे मैंने चीं-चीं आवाज में कहा–"डॉक्टर साहब, भूख के कारण बुरा हाल है। आज दिन भर कुछ खाने को नहीं मिला। यह कैसा इलाज है?"

डॉक्टर चौधरी भूख की बात सुनकर नाराज हो उठे–"भूख के कारण बुरा हाल है! इन्हें भोजन चाहिए, वाह रे वाह! जानता है लड़के, तेरे

पेट की बदहजमी निकालने में मुझे कितना खर्च करना पड़ा है? आज उपवास है। कल ऑपरेशन होगा—समझे?"

कहते हुए डॉक्टर साहब बड़े अन्दाज से पैर रखते हुए दूसरे कमरे में चले गये।

एक तो भूख के कारण बुरा हाल, दूसरे डॉक्टर साहब का यह रुख देखकर सचमुच बुरी तरह घबरा गया। सोचा-अब खैरियत नहीं। यहां से जान बचाकर शायद ही अपने घर लौट सकूं। भय के मारे सारी रात नींद नहीं आयी। सिर्फ यही सोचता रहा—हाय! हाय! बड़े-बूढ़ों की अवज्ञा कर बुरा किया।

बड़ी मुश्किल से रात गुजरी। सुबह होने के पहले ही यमदूत की तरह दो व्यक्ति हाथ में झोला लेकर आये और कहा—"उठो!"

डरते हुए मैंने पूछा—"उठूं?"

यमदूतों ने कहा—"आज तुम्हारे ऑपरेशन का दिन है, चलो आपरेशन-रूम में। चटपट इस झोले पर लेट जाओ।"

गिड़गिड़ाते हुए मैंने कहा—"दोहाई भैया! अब ऑपरेशन की आवश्यकता नहीं है। मैं ऑपरेशन नहीं कराऊंगा। डॉक्टर साहब को बुला दो। मैं उनसे कहे देता हूं।"

यमदूतों ने मेरे अनुरोध को अस्वीकृत करते हुए मुझे झोले में पटक दिया। इसके बाद सीधा ऑपरेशन रूम में हाजिर किया। उस समय मेरी क्या हालत थी, क्या बताऊं? ऑपरेशन रूम में डॉक्टर चौधरी साहब विराजमान थे। साहस देते हुए कहा—"डरो मत बच्चे! आओ, इस टेबुल पर आराम से लेट जाओ।"

मैंने जब यह देखा कि नक्कार खाने में तूती की आवाज नहीं सुनायी देगी, तब पूछा—"डॉक्टर साहब, क्या मुझे बेहोश किया जाएगा?"

डॉक्टर साहब चिढ़कर बोल उठे—"जी नहीं, आपको बेहोश नहीं किया जाएगा। चैतन्य अवस्था में ही ऑपरेशन किया जायेगा। अब ज्यादा बको मत। चुपचाप लेट जाओ।"

इष्टनाम जपते हुए टेबुल पर लेट गया। पता नहीं कौन कटोरीनुमा एक यंत्र मुंह के पास लगाकर एकाएक क्लोरोफार्म छोड़ने लगा। बाप-रे-बाप!

क्लोरोफार्म देने का ढंग देखकर मेरा दम घुटने लगा। कुछ देर बाद मुझे सुनायी पड़ा–"मालूम पड़ता है, हो गया है। चलिये, चालू करिये डॉक्टर साहब!"

हाय भगवान! अब तक मैं सम्पूर्ण होशहवास में था। अत्यन्त कठिनाई से चीखते हुए कहा–"डॉक्टर साहब अभी नहीं, अभी नहीं।"

"अभी नहीं, तब कब?" डॉक्टर चौधरी डपटते हुए बोल उठे–"अब जल्दी से? बेहोश हो जाओ, वर्ना खैरियत नहीं है।"

नाक के ऊपर पुनः एक बार क्लोरोफार्म की हवा चली। अब नशे में मैं झूमने लगा। वह नशा ऐसा था कि जी चाह रहा था एक बार कोई सुरीला गीत गाऊं।

अचानक डॉक्टर चौधरी ने पूछा–"बच्चे, सुन रहे हो?"

मैंने कहा–"जी हां।"

"जी हां! अभी तक कमबख्त 'जी हां' कह रहा है। ओफ्! मार डाला इस लड़के ने। अभी तक बेहोश होने का नाम नहीं! चार औंस क्लोरोफार्म पीकर कह रहा है–'जी हां'! अस्पताल को चलाने के लिए चारों तरफ भीख मांगनी पड़ती है। अगर दो चार मरीज ऐसे मिल जायें तो चार दिन में लालबत्ती जल उठेगी। इस उम्र में कितना नशा जमाता है रे?"

इस प्रश्न का जवाब मैंने नहीं दिया। सिर्फ इतना ही कहा–"अब तो जल्दी बेहोश हो जाऊंगा।"

डॉक्टर चौधरी ने कहा–"अब खैरियत चाहते हो तो बेहोश हो जाओ वर्ना इसी हालत में ऑपरेशन की कार्यवाही शुरू कर दी जाएगी। अब अधिक क्लोरोफार्म खर्च करना मेरे लिए संभव नहीं होगा।"

इसके बाद मैं बेहोश हो गया। कुछ पता नहीं चला। जब होश आया, तब कहां हूं, क्या कर रहा हूं, कुछ भी समझ में नहीं आ रहा था। फिर धीरे-धीरे याद आने लगा।

मुझे लगा जैसे प्यास के मारे गला सूखा जा रहा है। कमर में काफी दर्द था। अत्यन्त कठिनाई से कहा–"पानी, जरा पानी पिला दीजिए!"

पता नहीं, कौन पास आकर कह उठा–"बड़ा अच्छा हुआ कि तुम होश में आ गये, हमें तो यह सोचते थे कि तुम्हारा टिकट कट गया। लेकिन

तुम्हें पानी नहीं दिया जा सकेगा।"

बगल से एक लड़की जा रही थी। उसने कहा—"अस्पताल है या कबाड़ी की दुकान! एक गिलास पानी मांगने पर नहीं मिलता।"

लड़की से उस व्यक्ति ने कहा—"इन्हें पानी कैसे दिया जा सकता है? इनके पेट का ऑपरेशन हुआ है।"

पानी का प्रसंग हटाकर मैंने कहा—"कमर में असह्य दर्द है, बर्दाश्त के बाहर होता जा रहा है।"

वह व्यक्ति गंभीर हो गया। कहा—"दर्द? दर्द तो नहीं होना चाहिए। दर्द हो कैसे सकता है?"

मैंने कहा—"यह तो नहीं कह सकता, पर दर्द के मारे बुरा हाल है।"

उस व्यक्ति ने धीरे से कहा—"मामला ठीक नहीं जंच रहा है। मालूम पड़ता है, डॉक्टर साहब ने जल्दी में कोई औजार तुम्हारे पेट में छोड़ दिया है। अब तो फिर से ऑपरेशन होगा।"

"ऐं! फिर ऑपरेशन होगा?"

मुझे चक्कर आ गया। डॉक्टर का चार ओंस क्लोरोफार्म जो कार्य नहीं कर सका, उस व्यक्ति की बात ने कर दिखाया अर्थात् मैं बेहोश हो गया।

निमंत्रण

रविवार का दिन। रसचक्र की गोष्ठी का आयोजन हुआ। अभी तक सदस्य नहीं आये थे। शरत्चन्द्र के पास ही असमंज मुखर्जी (बंगला के प्रसिद्ध साहित्यिक) बैठे हुए हैं। वे काफी थके हुए-से दीख रहे हैं। एक ओर तकिये के सहारे लेटे हैं। पास ही शरत् बाबू हाथ-पैर फैलाये लेटे हुए हैं।

दृश्य कुछ असाधारण-सा है। अपने मकान के अलावा शरत् बाबू को कहीं लेटते नहीं देखा गया। रसचक्र के एक प्रमुख सदस्य ने भीतर प्रवेश करते हुए पूछा—“क्या बात है शरत् बाबू! इस तरह लेटे क्यों है?”

“पूछ मत यार! आज अजीब मुसीबत में फंस गया। इस दुपहरिया में चक्कर काटते-काटते सर दुखने लगा।”

तभी असमंज बाबू बोल उठे—“सर का क्या कसूर है, सब आपकी कारगुजारी है।”

शरत् बाबू ने असमंज की ओर देखते हुए कहा—नाराज क्यों होते हो भाई, आखिर कोई नुकसान तो हुआ नहीं।

“यह मान लेता हूं कि कोई नुकसान नहीं हुआ, लेकिन परेशान कम नहीं किया आपने।”

उपस्थित सदस्यों ने कौतूहल के साथ पूछा—“क्या बात है शरत् बाबू?”

“असमंज से ही पूछो, वही बतायेगा!”

असमंज ने कहा—“मैं क्यों बताऊं, आप अपनी करनी स्वयं बताइये।”

“खैर, मैं ही बता रहा हूं।” कहते हुए वे तकिये का सहारा लेकर उठ बैठे।

गत रविवार के दिन असमंज मेरे यहां मिलने के लिए आया था। जब

वह चलने लगा तब अचानक मेरे मन में यह बात पैदा हुई कि असमंज को अपने यहां काफी दिन हुए कुछ खिलाया-पिलाया नहीं। सो अगले रविवार को उसे अपने यहां निमंत्रण देकर खिला दूं। यह सोचकर मैंने इससे कहा—"भाई असमंज, तुम्हें काफी दिन हुए अपने यहां कुछ खिलाया-पिलाया नहीं, अगले रविवार के दिन दोपहर का खाना यहीं आकर खा लेना। क्यों, आओगे न?"

असमंज प्रसन्नतापूर्वक निमंत्रण ग्रहण कर चला गया।

आज दोपहर के कुछ पहले वह मेरे यहां खाना खाने चला अया। इधर मैंने उसे आज के लिए निमन्त्रित किया है, यह बात बिलकुल ही भूल गया था। असमंज जब आया तब मैं गड़गड़ा पी रहा था। उस समय उसे अपने यहां आते देख कुछ चकित हो गया। इसलिए कहा—"अरे, असमंज! आओ, आओ। अचानक दोपहर को कैसे चले गये। कोई जरूरी काम है?"

शरत्चन्द्र के श्रोतागण विव्रत असमंज की अवस्था की कल्पना करते हुए खिलखिलाकर हंस पड़े।

असमंज ने कहा—"आप लोग हंस सकते हैं, लेकिन उस समय मुझे जरा भी हंसी नहीं आयी थी।"

शरत्चन्द्र ने आगे कहा—"खैर, जाने दीजिये, आगे सुनिये। असमंज के मुंह से कोई बात नहीं निकली। सिर्फ अवाक् होकर मेरी ओर देखता रहा। मैंने सोचा—शायद दोपहर हो गयी है, यह बात उसके ध्यान से उत्तर गयी है। तभी अचानक एक बात याद आ गयी। मैंने इससे कहा—"अच्छा हुआ तुम इस समय आ गये। अब मेरे साथ एक जगह चले चलो। आज वहां चौचक भोजन का निमंत्रण है। मुझसे अधिक खाया नहीं जाता, यह तो तुम जानते ही हो, फिर भी वे लोग मुझे आने के लिए बार-बार अनुरोध कर गये हैं कि आपको आना ही होगा। तुम्हें संकोच करने की कोई जरूरत नहीं है। मैंने उन लोगों से यह भी कह दिया है कि मैं अकेले कहीं नहीं जाता। अगर कोई इष्ट-मित्र मिला तो साथ लेता आऊंगा। उन लोगों ने इस प्रस्ताव को प्रसन्न भाव से स्वीकार करते हुए कहा—"आप जितने चाहें उतने व्यक्तियों को ला सकते हैं। इससे प्रसन्नता ही होगी।" काफी धूमधाम भी शायद होगा। बोटानिकल गार्डेन में आज उन लोगों की पिकनिक है। अब

उठो, देर करने की जरूरत नहीं है। एक तो यों ही देर हो गयी है। अब तक उपयुक्त साथी न पाने के कारण चलूं या न चलूं सोच रहा था। सौभाग्यवश जब तुम आ गये हो तो चलो, कम-से-कम निमन्त्रण का वायदा पूरा कर आऊं।"

असमंज के राजी होने पर हम दोनों भोज खाने के लिए रवाना हो गए। अगर उस समय तक भी असमंज जरा-सा दिमाग दौड़ाकर मुझे यह बता देता कि आज के दिन उसे मैंने अपने यहां निमंत्रण दे रखा है तो यह परेशानी न उठानी पड़ती। लेकिन हजरत ने जरा भी इशारा नहीं किया। आपने सोचा–शरत् भैया कौन-सा राजभोग खिलायेंगे? इससे अच्छा प्रबन्ध बोटानिकल गार्डेन में ही होगा। उसके अवाला वहां दोहरा मजा है, भोजन के साथ-साथ गंगा नदी के किनारे की हवा का आन्नद भी मिलेगा। असमंज बुद्धिमान लड़का है, इसलिए लक्ष्मण की भांति मेरा अनुसरण करता चल पड़ा।

असमंज ने कहा–"जी नहीं। मैंने यह देखा कि आज जब आपके यहां ठाला ही ठाला है तब गंगा किनारे वाला भोज क्यों अस्वीकृत कर दूं? सबसे पहले आपको अपनी परेशानी से रिहा कर दूं, दूसरे आज जब एकादशी नहीं है तब..."

शरत्चन्द्र ने बाधा देते हुए कहा–"बस-बस, रहने दो, अब कुछ कहने की जरूरत नहीं है। अब आगे की बात सुनिये"–"हम दोनों तपती दोहपर में वहां पहुंच गये। वहां जाकर देखा–चारों तरफ सन्नाटा। चिड़िया का पूत तक दिखाई नहीं दे रहा था। निमन्त्रण देने वाला मुखिया भी नहीं दिखाई पड़ रहा है। असमंज से मैंने कहा–"क्या जी असमंज, यहां तो कोई दिखाई नहीं दे रहा है। उन लोगों ने कहा था कि बगीचे में ही खाना बनेगा। कहीं कोई नया प्रोगाम तो नहीं बनाया? घर से ही या किसी होटल से खाना बनाकर ले जायेंगे क्या? खैर, चलो तब तक सामने के होटल में बैठकर चाय पी जाए। मुमकिन है, कुछ देर में वे लोग आ जायेंगे। इसके अलावा आज पहली अप्रैल नहीं है कि बेवकूफ बना सकेंगे।"

इसके बाद हम दुकान पर आ गये। इधर असमंज उल्लसित-सा नहीं दिख रहा था। इसलिए कहा–"देखो असमंज, घबराने की आवश्यकता नहीं

है। वे लोग इधर से यहां आयेंगे। हम लोग यहां बैठे हैं, यह भी उन लोगों की नजरों से छिपा नहीं रहेगा। आओ, तब तक धीरे-धीरे चाय पी जाए। हम लोग तो आज उनके अतिथि हैं। इस चाय का दाम भी वे ही देंगे। वे लोग बहुत शरीफ आदमी हैं।"

असमंज ने कहा–"भैया जी, अगर धीरे-धीरे चाय पी जाएगी तो चाय बदमजा हो जाएगी। ठण्डी चाय भला पीते बनेगी? देखिये, वे लोग कब तक आते हैं?"

धीरे-धीरे एक प्याली चाय समाप्त हो गयी। फिर दूसरी कप और इसके बाद तीसरी कप चाय पी चुके। तब तक किसी का पता नहीं। आखिर झल्लाकर बोला–"क्या बात है असमंज, समझ नहीं पा रहा हूं।" कहने के पश्चात् जेब के भीतर हाथ डालकर निमंत्रण-पत्र निकाल कर पढ़ा। बाप-रे-बाप! कहा–"असमंज, गजब हो गया। बहुत भारी गलती कर बैठा हूं। निमंत्रण इस रविवार को नहीं आगामी रविवार का है। यह देखो निमंत्रण-पत्र!" कहते हुए उसे निमंत्रण-पत्र दे दिया।

असमंज ने निमंत्रण-पत्र पढ़कर वापस देते हुए हंसकर कहा–"भाई साहब, आपकी सिर्फ एक यही गलती नहीं, एक और भी है।"

मैंने पूछा–"वह कौन-सी? इसके अलावा और कौन-सी गलती है?"

असमंज ने कहा–"आपने आज दोपहर के लिए मुझे निमन्त्रित कर रखा है।"

मैंने कहा–"अरे, हां ठीक तो है। लेकिन जनाब, आपने मुझे घर पर क्यों नहीं बताया? अगर मैं भूल गया तो तुम्हें याद दिला देना चाहिये था। तुम तो मेरे लिए नये परिचित नहीं हो कि संकोच करते?"

असमंज ने कहा–"मैंने जब यह देखा कि आप भूल ही गये हैं तो इस दूसरे निमंत्रण को क्यों ठुकरा दूं? यहां न सही, वहीं सही।"

पहले सोचा कि घर ही चला चलूं। फिर अचानक यह ख्याल हुआ कि इस समय घर जाना बिलकुल बेकार है। वहां तो हंडिया साफ होगी। इधर भूख से बुरा हाल था, उधर असमंज पर क्या गुजर रही थी–अनुभव कर ही रहा था। असमंज से मैंने कहा–"अब चलो उठो, कहीं किसी दुकान पर चलकर भोजन किया जाए। भूख के कारण अंतड़ियां कुलबुला रही हैं। इस

वक्त तो किसी दुकान का ही सहारा लिया जाए।"

"और पास ही एक दुकान पर भरपेट खा-पीकर सीधे तुम्हारे रसचक्र की गोष्ठी में चला आ रहा हूं।"

असमंज ने कहा–"आज का यह भोज शरत् भैया की भूल की वजह से मेरा ऊपरी बकाया हो गया। असली निमत्रंण देकर पूरा करने वाले हैं। इस बार गलती न हो, यही मैं चाहता हूं।"

शरत् बाबू ने कहा–"नहीं यार! इस बार नहीं भूलूंगा।"

श्रोताओं में से किसी ने कहा–"देखिए असमंज बाबू अगले रविवार के लिए सावधान रहियेगा। शरत् बाबू तो अगले रविवार को बोटानिकल गार्डन में भोज खाने जायेंगे।"

शरत् बाबू ने कहा–"राम भजो, भोज का मजा आज खूब मिला!"

चरखा

सन् 1932 में राममोहन लाइब्रेरी के हाल में भारतवर्ष मासिक पत्रिका के संपादक श्री जलधर सेन का अभिनन्दन हो रहा था। इस समारोह के अध्यक्ष थे–शरत् बाबू। रात में देर हो जाने के कारण रात को श्री मनीन्द्रनाथ राय के मकान में ठहर गये।

दूसरे दिन कुछ लोग उन्हें घेरकर बैठे। कल के कार्यक्रम तथा भाषणों की चर्चा के बीच अचानक चरखे पर बातचीत होने लगी।

एक व्यक्ति ने पूछा–"शरत् बाबू, आपने कभी चरखा चलाया है क्या?"

शरत् बाबू ने कहा–"हां, इसका एक इतिहास है। क्या वह कहानी सुनाऊं? अच्छा तो सुनो–सिर्फ मैंने नहीं, घर के लोगों ने भी चरखा चलाया है। घर के नौकरों को भी चलाना पड़ा था। नौकरों को चरखा चलाने में मजा मिलता था। काम-काज चूल्हे में डाल दिया। अगर किसी से पूछता–"क्यों रे, मेरा फलां काम किया?" बस तुंरत उत्तर मिलता–"बाबू, चरखा चला रहा था।" चरखा का नाम सुनते ही मेरी बोलती बंद हो गई थी। कुछ कह नहीं पाता था, क्योंकि मेरे नौकर भी देशोद्धार का कार्य कर रहे थे। खैर, यह भी अच्छा था। अगर वे सचमुच सूत कातते तो गनीमत थी। लेकिन वे वास्तव में क्या करते थे, इसे केवल मैं ही जानता था। चरखे के पीछे मेरी कम परेशानी नहीं हुई। देशबन्धु के चक्कर में पड़कर सड़े तेल की कचौड़ी, पकौड़ी और फुलौरी खा-खाकर गांव-गांव में चरखा कातो आन्दोलन करना पड़ा है। कभ-कभी तो पकौड़ी, कचौड़ी और फुलौरी को कौन कहे सूखा चना भी खाने को नहीं मिला। अगर 'चरखा चलाओ आन्दोलन' में व्यस्त न रहता तो शायद मेरा स्वास्थ्य इतना चौपट न होता।"

बहुत कुछ किया है, इतना किया है कि उसका लेखा-जोखा नहीं है। एक दिन सुरेन मामा ने आकर कहा—"सिर्फ चरखा चलाने से काम नहीं चलेगा, करघा भी चलाना होगा।"

मैंने कहा—"ठीक कहा आपने।"

इसके बाद करघे का चक्कर मेरे दिमाग में चलने लगा। देखते-ही-देखते भागलपुर में पांच-सात करघे तैयार हो गये। बंगाल से चार-पांच अच्छे जुलाहे पेशगी रुपये देकर, करघा चलाने के लिए बुलाये गये। कुछ दिन बीत जाने पर इन जुलाहों के घरों से दानदन पत्र आने लगे कि रुपये भेजो, घर का खर्च नहीं चल रहा है, अर्थात रुपये दो। अन्त में हार मानकर देना पड़ा। इसके बाद इस आशय के पत्र आने लगे कि काम छोड़कर शीघ्र चले आओ। आदमी के अभाव के कारण धान खेत में सड़ रहा है, काटने वाला कोई नहीं है। किसी के नाम इस आशय का पत्र आया कि फलां ने तुम्हारे नाम मुकदमा दायर किया है, अदालत में पेशी है। जल्दी आओ, नहीं वारण्ट कट जाएगा।

इन पत्रों को लेकर जुलाहे मेरे पास आने लगे। हमें लाचार होकर उन्हें छुट्टी देनी पड़ी, साथ ही राह खर्च भी। छुट्टी समाप्त हो जाने पर किसी ने आने का नाम नहीं लिया। इधर करघों पर दीमकों की फौज ने हमला कर दिया। शायद उन्हें आजादी और देशोद्धार से कभी पाला नहीं पड़ा था।

हताश होकर सुरेन मामा ने कहा—"धत् तेरे की। दूसरों के भरोसे कभी कोई काम नहीं करना चाहिए। इससे अच्छा है कि दियासलाई का कारखाना खोला जाए। राष्ट्र की बचत होगी और रोजगार भी चलेगा। लेकिन इस बार दूसरों से सहायता नहीं ली जायेगी। हम लोग स्वयं सीखेंगे और स्वयं सारा काम करेंगे। पास-पड़ोस के लड़कों को भले ही ले लिया जाए, पर बाहरी नहीं।"

सुरेन मामा के उपदेशानुसार करघा का कारोबार बन्द करके दियासलाई का कारखाना खोला। लेकिन इस कार्य को सीखने के लिए हिन्दुओं के यहां से कोई लड़का नहीं आया। कुछ मुसलमान लड़के अवश्य आये। लेकिन उन लोगों ने शर्त रखी—"हम लोग काम जरूर सीखेंगे, साथ ही हमें मजदूरी देनी होगी।"

सुरेन मामा ने मामला रफा-दफा करने के लिए चार आना दैनिक मजदूरी तय की। मुझसे उन्होंने कहा–“हमारे मुल्क की सियासी हालत काफी नाजुक है, वर्ना आज हिन्दुस्तान की यह हालत न होती।”

खैर, चाहे जो हो, काम तेजी से चलने लगा। अचानक एक दिन बारूद में आग लग गयी। किसी का पैर जला, किसी का हाथ और मेरा मुंह जल गया। यहीं दियासलाई के कारोबार की भी इतिश्री हो गयी। शर्म के कारण सुरेन मामा का घर से निकलना मुश्किल हो गया। और इसके बाद भागलपुर से मैं सीधे सामताबेड़ आकर कागज-कलम की सहायता से देशोद्धार करने लगा।

विप्लव दरदी

ब्रिटिश सरकार की कड़ाई के कारण उन दिनों संपूर्ण बंगाल में जोर-शोर से आतंकवादियों की धर-पकड़ हो रही थी। आतंकवादी चारों तरफ छिपते फिर रहे थे। फिर भी उनका आन्दोलन बराबर चालू रहा।

इन्हीं दिनों की बात है। शरत् बाबू का प्रसिद्ध उपन्यास 'पथेरदावी' बंगवाणी नामक पत्र में धारावाहिक रूप में प्रकाशित हो रहा था। शरत्चन्द्र उन दिनों हाबड़ा कांग्रेस कमेटी के सभापति थे।

एक दिन कई कांग्रेसी मित्रों ने उनसे पूछा—"अहिंसक सत्याग्रह और सहिंस विप्लव—इन दोनों में आप किसके समर्थक हैं? जबकि आप हाबड़ा कांग्रेस कमेटी के सभापति हैं और कांग्रेस हाई कमाण्ड का आपके प्रति अहिंसक-सत्याग्रह का स्थायी निर्देश है। लेकिन 'पथेरवादी' के विचारों से पता चलता है कि आप 'हिंसावाद' के समर्थक हैं।"

प्रत्युत्तर में शरत्चन्द्र ने कहा—"देखिए, यह सच है कि मैं संत्रासमूलक आन्दोलन का समर्थक नहीं हूं, फिर भी न जाने क्यों मेरे हृदय में इन विप्लवियों के प्रति कुछ दुर्बलता रह गयी है। इसलिए यह जानते हुए भी कि उसमें खतरा है, इन लोगों को सहयोग से लेकर आर्थिक सहायता देने में कभी संकोच अनुभव नहीं किया। शायद तुम लोग न जानते होंगे कि कुछ विप्लवी मुझसे मिलने के लिए अक्सर रूपनारायण नदी की राह से आधी रात को मेरे यहां आते रहते हैं। अपना काम करके चुपचाप उसी राह से वापस चले जाते हैं। अभी हाल की बात है, एक विप्लवी सब की आंखों में धूल झोंककर मेरे यहां आया और कुछ देर रहने के पश्चात् चला गया।

मेरे कमान से दो मील की दूरी पर एक सम्पन्न किसान का घर है। उसके यहां एक विप्लवी मजदूर वेश में रहता था। दोनों एक-दूसरे से

अपरिचित थे। विप्लवी उसके यहां खेती-बारी का काम करता और वहीं खाता-पीता, रहता था। मजदूरी के रूप में उसे कुछ पैसे मिल जाते थे। एक दिन उस विप्लवी के यहां से एक गुप्तचर आया और मुझसे कहा कि आज दोपहर को आलू की टोकरी सिर पर रखे–"आलू चाहिए–आलू" आवाज देता हुआ वह मेरे दरवाजे के पास से गुजरेगा। मैं आलू खरीदने के बहाने उसे घर में बुला लूंगा और तब अपनी आवश्यकता बतायेगा।

खैर साहब, दोपहर को कान खड़ा किये उसके आने की प्रतीक्षा करता रहा। कुछ देर बाद सचमुच एक व्यक्ति "आलू चाहिए–आलू" आवाज देता हुआ मेरे मकान के समीप आने लगा। आवाज सुनने को सुन लिया। अब सवाल यह उठा कि उसे कैसे बुलाऊं? यहां आने के बाद से बाजार जाने का सामान खरीदने की आदत छूट गयी है। घर का सारा सामान ननीगोपाल नौकर लाता है। इसके अलावा घर में क्या है और क्या नहीं है, इस सम्बन्ध में कभी खोज-खबर नहीं ली। जो कुछ मिलता है, उसे चुपचाप खा लेता हूं। अब आज अचानक आलू वाले को बुलाऊं तो लोग क्या सोचेंगे? मुमकिन है, कहीं उस बेचारे का भेद खुल न जाए। काफी देर ऊहापोह करने के बाद गृहिणी के निकट गया और कहा–"देखो, बाहर आलू वाला चिल्ला रहा है। आलू लोगी?"

गृहिणी ने कहा–"अब आलू लेकर क्या करूंगी? घर में काफी आलू हैं। आज बाजार से ननीगोपाल काफी आलू खरीद लाया है।"

मन बुझ गया, फिर भी कहा–"तो क्या हुआ? बेचारा गरीब आदमी है, व्यर्थ में चिल्ला-चिल्लाकर वापस चला जाएगा। मुमकिन है, अभी तक उसकी बोहनी न हुई हो। उससे कुछ-न-कुछ खरीद ही लो। आलू खराब होने वाली चीज़ नहीं है। घर पर पड़ा रहने से बरबाद भी नहीं होगा। सोचो, इस भरी दोपहरिया में बेचारा कैसा चिल्ला रहा है। न जाने क्यों मुझे बड़ी माया लग रही है।"

"तुम भी अजीब आदमी हो।" कहने के पश्चात् गृहिणी ने ननीगोपाल से कहा कि आलू वाले को बुला ले।

आलू वाला भीतर आया। उससे गृहिणी ने कुछ आलू खरीदा। मैं दरवाजे के पास खड़ा रहा। क्या कहूं समझ नहीं पा रहा था। संकोच के

साथ पूछा—"क्यों भाई, आलू बेचते-बेचते दोपहर हो गयी, अब लौटकर घर पर ही भोजन करोगे क्या?"

आलू वाले ने कहा—"क्या करूं बाबूजी, आज शाम तक यह टोकरी खाली होगी तब कहीं घर जाकर दो मुट्ठी ...."

मैंने कहा—"एक काम क्यों नहीं करते। आज दोपहर को मेरे यहां जीम लो। इस भरी दोपहरिया में ब्राह्मण के घर बिना खाये नहीं जाना चाहिए। इससे मेरा अकल्याण होगा।"

आलू वाले ने कहा—"अच्छा बाबू, बड़ी मेहरबानी होगी आपकी। बहुत दिन हुए ब्राह्मण के घर का परसाद पाये। यह तो मेरे लिए सौभाग्य की बात होगी।"

इधर गृहिणी मेरे कानों में अपना रेडियो बजा रही थी।

"बेकार एक झंझट खड़ा कर रहो हो। आया है आलू बेचने, उसे भोजन क्यों कराया जाय? न तो यह हमारा अतिथि है और न भिखमंगा। फिर इतने सत्कार के साथ भोजन क्यों खिलाया जाए? इसके इलावा अब तक घर के सभी लोग खाना खा चुके हैं, चौका-चूल्हा कभी का उठ चुका है। घर में मछली भी नहीं है।"

गृहिणी का सम्मान रखने के लिए मैंने धीरे से कहा—"कोई हर्ज नहीं। अब तुम्ही सोचो कि इस तपती दोपहरिया में एक गृहस्थ के घर से कोई बिना खाये अगर चला जाएगा तो अकल्याण नहीं होगा? रहा मछली का प्रश्न, सो तुम ननीगोपाल से कह दो, वह सामने के तालाब से तुरंत पकड़ लाएगा।"

अकल्याण की बात दो बार सुनने पर गृहिणी उस आलू वाले को खिलाने के लिए राजी हो गयी। गोकि मैं इस बात पर संकोच कर रहा था कि इस दोपरिया में उन्हें भोजन बनाने को कह रहा हूं। लेकिन इसके अलावा चारा भी नहीं था। अगर यह व्यक्ति इससे कुछ पहले आ जाता तो नये सिरे से भोजन बनाने की आवश्यकता न होती और हमारा काम बन जाता।

खैर, इधर ननीगोपाल मछली पकड़ने गया और उधर गृहिणी भोजन बनाने में जुट गयी। इसी बीच मैंने उक्त विप्लवी से सारी बातें सुन लीं।

मौका देखकर कुछ रुपये दिये। हम लोगों की ये गोप्य-लीला कोई भी नहीं जान सका। केवल घर के लोगों को जताने के लिए उसके सुख-दुःख, घर-गृहस्थी की बातें पूछता रहा ताकि कोई भांप न सके।

भोजन के बाद आलू वाला पुनः 'आलू चाहिए—आलू' हांक लगाता हुआ चला गया। इस रहस्य को छिपाने का एक कारण था। मैं नहीं चाहता था कि घर की महिलाओं तथा नौकरों को इस बारे में किसी बात का पता चले वर्ना बात फैल जाती। मेरे घर के पास चौकीदार का मकान है। कहीं उसे पता लग जाता तो थाने में खबर कर देता। इस डर से मैं चारों ओर से सजगता बरत रहा था।

अन्त में शरत् बाबू ने कहा—"राजनीति और आदर्श में शायद अन्तर हो सकता है। लेकिन राष्ट्र के लिए जो लोग कार्य कर रहे हैं, उन सभी को मैं श्रद्धा की दृष्टि से देखता हूं। चाहे वह विप्लवी हों अथवा अहिंसावादी। दोनों ही मेरे लिए श्रद्धा के पात्र हैं।"

पांचू की मां

रसचक्र की गोष्ठी में शरत् बाबू अक्सर अपने जीवन की विचित्र घटाएं सुनाया करते थे। एक दिन उन्होंने निम्नलिखित बैठकी कहानी सुनायी–

रंगून से वापस आने के बाद मैं शिवपुर में रहने लगा। एक दिन सबेरे गुरुदेव रवीन्द्रनाथ ठाकुर के आदेशानुसार उनसे मिलने के लिए उनके जोड़ासांको वाले मकान में गया। काफी देर तक इधर-उधर की बातचीत करने के बाद मैं चलने के लिए उठ खड़ा हुआ। ठीक इसी समय ठाकुर-वंश के ही कोई सदस्य, इस समय उनका नाम भूल रहा हूं फिर भी विश्वास है कि प्रमुख सदस्य ही थे, उस कमरे में आये।

कवि ने उनसे कहा–"जाओ, शरत् को सड़क तक छोड़ आओ।"

कवि के पास काफी देर बैठे रहना पड़ा, इसलिए चितपुर रोड के पास आकर सोचा–ट्राम या बस की सवारी न कर पैदल ही चला चलूं। इससे हाथ-पैर की कसरत हो जायेगी।

जो सज्जन मुझे पहुंचाने आये थे, जब उन्हें यह मालूम हुआ कि मैं पैदल चलना चाहता हूं तब उन्होंने कहा–चलिये, कुछ आगे तक आपको पहुंचा आऊं।

बातचीत करते हुए हम कहां तक बढ़ आये, इसका ख्याल ही नहीं रहा। अचानक बगल की बस्ती पर नजर जाते ही परिचित-सी मालूम हुई। साथ ही नारी कंठस्वर सुनाई पड़ा–"दादा ठाकुर, दादा ठाकुर।"

पीछे मुड़कर देखा–एक प्रौढ़ महिला मेरी ओर दौड़ती हुई आ रही है। पास आने पर देखा–वह पांचू की मां थी।

पांचू की मां जमीन पर सिर टेककर प्रणाम करती हुई बोली–"आज

बड़े सौभाग्य से दादा के दर्शन हुए। आप भी खूब हैं बड़े दादा। हम लोगों को भुला बैठे हैं। भला बताइये तो यहां कितने दिनों से नहीं आये हैं। आज अब छुट्टी नहीं मिलेगी। अब मेरे साथ घर चलिये।"

पांचू की मां से जान छुड़ाना कठिन होगा, जानकर अपने साथी से कहा—"अब आप लौट जाइये। मैं चला जाऊंगा।" फिर पांचू की मां से कहा—"तुम चलो, मैं आता हूं।"

ठाकुर घराने के सदस्य महोदय तो मेरी बात सुनकर अवाक् रह गये। पांचू की मां की बातचीत का ढंग और आचरण देखकर बोले—"शरत् बाबू, क्या ये लोग आपके परिचित हैं? क्या आप इनकी बस्ती में रहते थे?"

मैंने कहा—"क्या करूं अब आप ही बताइये। इन लोगों से मेल-मिलाप बिना रखे काम नहीं चलता। इन्हीं लोगों को लेकर मेरा कारबार चलता है। खैर, इन लोगों की बात छोड़िये, फिर किसी दिन सुनाऊंगा। अब आप जाइये। आज जब पकड़ लिया गया हूं तब यहां खाये बिना छुट्टी नहीं मिलेगी।"

"आप इनके यहां भोजन करेंगे?"

"आज यह कोई नयी बात नहीं है, भाई साहब।"

इसके बाद वे वापस लौट गये और मैं पांचू की मां के मकान की ओर चल पड़ा।

बस्ती के भीतर प्रवेश करते ही सब परिचित बालक-बालिकाओं ने—"दादा ठाकुर आये हैं—दादा ठाकुर आये हैं—कहते हुए घेर लिया। सभी एक साथ एक स्वर से शिकायत करने लगे—क्यों मैं एक साल से यहां नहीं आ रहा हूं। इन लोगों को क्यों भुला दिया है, आदि।"

पांचू की मां के यहां जाकर देखा—एक सात वर्ष का बालक विद्यासागर महाशय की पहली पोथी सामने रखे मुंह फुलाये बैठा है।

पांचू की आकृति का रंग-रूप देखकर दया आ गयी। उसकी मां को बुलाकर मैंने कहा—"पांचू की मां, तुम्हारा लड़का मुंह क्यों फुलाये है? शायद पढ़ने को कहा है?"

पांचू की मां ने कहा—"देखो न बड़े दादा, कब से कह रही हूं कि कल जो कुछ स्कूल में पढ़ाया गया है, उसे याद कर ले। कम-से-कम स्कूल

जाकर उसे अच्छी तरह सुना तो सकेगा। लेकिन कलमुंहा कुछ सुनना नहीं चाहता। यहां खजाना थोड़े ही रखा है कि मास्टर रखकर घर पर पढ़ाऊं।"

मैंने कहा–"अच्छा, अच्छा। पहले तुम मेरे लिए एक चिलम तमाखू भर लाओ तब तक मैं तुम्हारे लड़के को पढ़ाता हूं।" कहने के पश्चात् मैं पांचू को पढ़ाने लगा।

चिलम तैयार कर मेरे हाथ में देती हुई पांचू की मां बोली–"अब आप ही बताइये, बड़े दादा। इस शैतान को मैं कितना समझाती हूं कि ज्यादा पढ़ चाहे न पढ़ कम-से-कम पहली-दूसरी पोथी तक पढ़ ले। आपकी चर्चा करती हूं। कई बार समझाया कि हमारे दादा ठाकुर किताब लिखते हैं। तू मुंहजला और कुछ भले ही न कर, पर पहली-दूसरी पोथी पढ़कर दादा ठाकुर की तरह पोथी लिखकर अपना पेट भर सकता है। लेकिन यह मुंहजला पढ़ना ही नहीं चाहता। आजकल जिद्द पकड़ लिया है कि अब स्कूल नहीं जायेगा। अब आप ही इसे समझाइये ताकि आपकी बात मान ले और कुछ समझे। तब तक मैं आपके लिए रसोई-पानी का इंतजाम करती हूं।"

मैंने कहा–"बहरहाल, तुम्हारे पांचू को मैं समझता हूं, मगर खाने-पीने का इंतजाम क्यों करने जा रही हो? आज वह सब रहने दो।"

पांचू की मां ने कहा–"यह नहीं हो सकता, दादा ठाकुर! आज आप कितने दिनों बाद आये हैं। आज बिना खिलाये आपको जाने नहीं दूंगी।"

उस दिन दोपहर को पांचू की मां के यहां भोजन पर्व समाप्त करना पड़ा। इसके बाद बस्ती के तमाम लोगों से मिलने-जुलने में शाम हो गयी।

साहित्यिक कैसे बना?

रसचक्र गोष्ठी में एक नये सदस्य ने शरत् बाबू से पूछा–"आप साहित्य क्षेत्र में कैसे आये?"

"क्या करियेगा जानकर?"

"यह जानने की बड़ी इच्छा है।"

शरत् बाबू ने कहा–"अच्छा तो आज यहां सुनाऊं। मैं रंगून में जब नौकरी करता था तब मुझे वेतन इतना कम मिलता था कि उससे घर-खर्च चलाना कठिन हो रहा था। इसके बाद एक दिन सोचा कि परचून की दुकान खोलूं। इस पर मेरी पत्नी ने कहा कि यह काम तुमसे नहीं होगा। मेरी बुद्धि जांच करने के लिए उन्होंने एक सवाल पूछा, इतने रुपये मन कोई सामान मिलता है तो इतने छटांक की कीमत कितनी होगी? देर तक सिर खपाने पर भी मैं उस सवाल का जवाब नहीं दे सका। नतीजा यह हुआ कि मैं दुकान नहीं खोल सकता। आखिर क्या करता? लाचार होकर साहित्य-क्षेत्र में चला आया।"

उपस्थित लोग हंस पड़े। प्रश्नकर्त्ता ने कहा–"यह तो गप है। आप जैसे विद्वान व्यक्ति भला दुकान खोलते।"

शरत् बाबू ने कहा–"आज मुझे लोग विद्वान समझ रहे हैं, पर मैं जिन लोगों के बीच वहां रहता था, वे लोग मूर्ख समझा करते थे। एक दिन की घटना आज भी याद है। उन दिनों मैं रंगून के मिस्त्री पल्ली में रहता था। मैं शिक्षित व्यक्ति हूं, इसकी जानकारी किसी को नहीं थी।"

एक दिन की बात है। दोपहर का वक्त था। मैं सड़क के किनारे स्थित अपने कमरे के बरामदे पर बैठा था। मैंने देखा कि एक बुढ़िया हाथ में मनिआर्डर फार्म लेकर चली आ रही है।

उसके हाथ में मनिआर्डर फार्म देखकर मैंने अनुमान लगाया कि वह किसी से लिखवाने जा रही है। समझते देर नहीं लगी कि इस कार्य के लिए उसे काफी दूर जाना पड़ेगा। बुढ़िया पर दया करने के उद्देश्य से मैंने उससे पूछा—"कहां जा रही हो, बूढ़ी मां?"

उसने कहा—"क्या बताऊं बेटा, उधर के मुहल्ले में इस कागज को लिखवाने जा रही हूं। एक व्यक्ति को कुछ रुपये भेजने हैं।"

"तुम्हारा लड़का कहां है?"

"वह अपने काम पर गया है। जाते समय कह गया कि इस फार्म को किसी से लिखवाकर रख दूं।"

"इस कड़ी धूप में दूर क्यों जाओगी। लाओ, मैं फार्म लिख देता हूं।"

"तुम लिख सकोगे, बेटा? इसे इंगरेजी में लिखना होगा। तुम इंगरेजी जानते हो?"

"थोड़ी-बहुत जितना जानता हूं, उससे तुम्हारा काम चल जायेगा।"

"मेरी बात सुनकर बुढ़िया किंचित् आश्वस्त हुई। सोचा कि अब इतनी दूर जाना नहीं पड़ेगा। यह सोचकर उसने फार्म मुझे दिया। लेकिन उसके चेहरे के भाव से यह स्पष्ट हो रहा था कि क्या मैं इस फार्म को ठीक से लिख सकूंगा? क्या मेरे लिखे फार्म पर रुपये पहुंचे जायेंगे?"

कहना नहीं होगा कि मेरे द्वारा लिखे फार्म पर रुपये पहुंच गये थे और उसकी सूचना आ गयी थी तब पल्ली के लोगों को विश्वास हुआ कि मुझे थोड़ी-थोड़ी अंग्रेजी भाषा की जानकारी है।

गुरुदेव का जहाज-भक्षण

काफी दिनों के बाद शरत् बाबू भागलपुर आये हैं। इस वजह से जगह-जगह उनका अभिनन्दन हो रहा है। जिधर जाते, उधर ही लोगों की भीड़ एकत्रित हो जाती थी।

भागलपुर में वे अपने मामा के घर ठहरे हैं। परिचित-अपरिचितों की काफी भीड़ आ गयी है।

धीरे-धीरे भीड़ में कमी होने के बाद एक दिन शाम के समय श्री वनफूल (प्रसिद्ध कथाकार डॉक्टर बलाई चांद मुखोपाध्याय) शरत् बाबू से मिलने के लिए आये।

वनफूलजी उन दिनों स्थायी रूप से भागलपुर में रहते थे। उनके साहित्य क्षेत्र में आने के काफी दिन पहले शरत् बाबू भागलपुर से चले गए थे। फलस्वरूप इन दोनों व्यक्तियों को आपस में कभी परिचय का अवसर नहीं मिला था।

वनफूल ने आकर देखा कि शरत् बाबू अपनी बैठक में आरामकुर्सी पर बैठे हुक्के की नली सींखचे से साफ कर रहे हैं।

प्रणाम करने के बाद उन्होंने अपना परिचय शरत् बाबू को दिया।

शरत्चन्द्र ने कहा—"अरे, तुम हो, आओ, आओ। देखो तो, आज इतने दिनों बाद तुमसे परिचय हुआ। तुम यहां रहते हो। यह मुझे मालूम नहीं था। अगर मालूम होता तो तुम्हें बुलाता, तुम्हारी अनेक रचनाएं पढ़ चुका हूं।" बड़ा अच्छा लगा।

बैठक में गलीचा बिछा था। वनफूल उस पर बैठ गए। फिर कहा—"मेरे लिए यह सौभाग्य की बात है कि आप मेरी रचनाएं पढ़ते हैं। मैं भला अच्छा क्या लिखता हूं।"

"नहीं, नहीं, यह तो तुम्हारा विनय है। वाकई तुम अच्छा लिखते हो।"

वनफूल ने कहा—"मेरी बात रहने दीजिए। संभव हो तो आप अपनी बातें कहिये।"

"अपनी बातें अपने मुंह से कहने पर अजीब लगेगा। इसके बदले कुछ और कहने को कहो तो कहूं।"

"दादा सुना है आप बैठकी कहानी मजेदार सुनाते हैं। ऐसी कोई कहानी सुनाइये।"

"कैसी कहानी सुनाऊं। तुम ठहरे साहित्य-सेवी। बहरहाल, तुम्हें एक सत्य घटना पर आधारित कहानी सुना रहा हूं। यह मेरे बचपन की कहानी है। इसी भागलपुर में आदमपुर घाट पर वह घटना हुई थी।"

शरत्चन्द्र कहानी सुनाने जा रहे हैं, सुनकर आसपास अन्य जितने लोग बैठे थे, वे लोग भी कमरे के भीतर चले आये। एक तो शरत् बाबू की जबानी, दूसरे भागलपुर की घटना और वह भी सत्य घटना, कौन नहीं सुनना चाहेगा।

तब तक शरत् बाबू हुक्के की नली साफ कर चुके थे। नौकर चिलम तैयार करके दे गया। हुक्का पीते हुए शरत् बाबे कहानी सुनाने लगे—"उन दिनों हम लोग बच्चे थे। स्कूल में पढ़ते थे। उन्हीं दिनों भागलपुर में एक समाचार तेजी से फैल गया कि आदमपुर घाट पर एक अद्भुत साधू का आगमन हुआ है। आम साधुओं की तरह गेरुआ वस्त्र तथा जटा रखने पर भी इनकी शक्ति असाधारण है। कुछ दिनों के भीतर भागलपुर के कितने लोगों के असाध्य-रोग ठीक कर चुके हैं। केवल यही नहीं, जाने कितने विचित्र करिश्मे कर चुके हैं। आम का मौसम नहीं है, अगर किसी भक्त ने कहा—"साधुजी, इस वक्त एक पका हुआ आम खाने की इच्छा हो रही है," तो तुरंत अपनी झोली में से एक पका आम निकालकर उसे दे देते हैं। साधुजी की इस शक्ति को देखकर लोग चकित होते जा रहे हैं। थोड़े ही दिनों में साधुजी को देखने के लिए आदमपुर घाट पर अथाह भीड़ एकत्रित होने लगी। कुछ लोग तो उनके भक्त बन गये। यहां तक कि दीक्षा-टीक्षा लेकर शिष्य भी बन गये।

एक दिन साधू ने अपने शिष्यों से कहा—"मैं गंगा माता का पूजन करूंगा।"

इस समाचार से भक्त गद्‌गद हो उठे। भक्तों ने कहा–“यह कौन-सी बड़ी बात है। पूजा की सारी सामग्री हम लोग कल ले आयेंगे। आप अपनी तैयारी कीजिए।”

दूसरे दिन शिष्य-मण्डली गंगा माई की पूजा के लिए सभी उपकरण ले आये। गंगा के तीर, बालू के ऊपर सारी सामग्री सजा दी गयी। पूजा की सारी तैयारी हो गयी। साधू पूजा पर बैठने ही जा रहे थे कि ठीक उसी समय एक निदारुण घटना हो गयी। कार कम्पनी की स्टीमर नित्य आदमपुर घाट से गुजरती थी और वह भी ठीक उसी समय। स्टीमर का भोंपू जितना गरजता था, उतनी ही लहर किनारे की ओर फेंकती थी। उसकी ऊंची-ऊंची लहरों ने क्या किया, जानते हो,? गंगा माई की पूजा सामग्री सबको बहा ले गयी। शिष्यगण हाय-हाय कर उठे। इधर साधु महाराज तो क्रोध से पागल हो उठे। चिल्लाते हुए शाप देने लगे–“जहाज की यह हिमाकत! गंगा माई की पूजन-सामग्री को बहा दिया! ठीक है, कल फिर आना बेटा! कल देख लेना, तुझे पूरा निगल जाऊंगा। कल तुझे इधर से जाने नहीं दूंगा। समझकर इधर आना।”

यह बात सुनकर शिष्य लोग अवाक् रह गये। गुरुदेव यह क्या कह रहे हो? इतना बड़ा जहाज–कैसे इसे निगल जायेंगे?

एक शिष्य ने कहा–“गुरुदेव, इतना बड़ा जहाज ?”

गुरुदेव ने उसकी बात काटते हुए कहा–“हां, हां, मैं पक्की बात कहता हूं। कल मैं उस जहाज को निगल जाऊंगा। उसे कोई बचा नहीं सकता। उसकी यह हिमाकत! पूजन-सामग्री को उसने बहा दिया!”

शिष्यों को इस बात पर विश्वास नहीं हुआ। एक मनुष्य इतने बड़े जहाज को कैसे निगल सकता है? अन्त में एक शिष्य न कहा–“गुरुदेव के लिए कोई भी कार्य असंभव नहीं है। साधना की शक्ति से क्या नहीं हो सकता। जहाज-भक्षण तो मामूली बात है महापुरुषों की लीला समझना कठिन है, भाई।”

इधर यह बात सारे शहर में फैल गयी। सभी ने सुना–कल दोपहर बारह बजे आदमपुर घाट से कार कम्पनी का जो जहाज गुजरेगा, उसे साधुजी निगल जायेंगे। शहरी इलाके से यह बात गांवों तक पहुंच गयी।

दूसरे दिन सबेरे से आदमपुर घाट पर जनता की भीड़ एकत्रित होने लगी। हम लोग भी गोल बनाकर गये। हम लोगों ने देखा कि ज्यों-ज्यों समय गुजरता जा रहा था त्यों-त्यों लोगों की भीड़ बढ़ती जा रही थी। घाट और घाट के आसपास लोगों की भीड़ बढ़ती गयी। यहां तक कि आसपास के वृक्षों पर भी लोग जमकर बैठ गये। जब किसी को कहीं खड़े होने का स्थान नहीं मिला तब वह नदी के पानी में खड़ा हो गया।

साधुजी के जहाज-भक्षण का तमाशा कौन नहीं देखना चाहेगा? धीरे-धीरे ग्यारह बज गये। अब बारह बजने का समय आ गया। साधु जी अभी तक मौन धारण किये बैठे रहे। सामने धूनी जल रही थी। इधर लोगों में भय, भक्ति और उत्कण्ठा बढ़ती जा रही थी। कई हजार आंखें साधु तथा जहाज के आने वाली दिशा की ओर लगी हुई थीं।

ठीक इसी समय आसामी के दर्शन हुए। सभी एक साथ बोल उठे–"वह जहाज आ रहा है। आ गया जहाज।"

लोगों की चीत्कार सुनते ही बाबाजी का ध्यान भंग हुआ। उन्होंने अपनी आंखें खोलीं। इसके बाद वे धूनी से उठकर धीरे-धीरे गंभीर मुद्रा में गंगा नदी में उतर पड़े। रवि वर्मा का गंगावतरण चित्र देखा है न? शिवजी की तरह कमर पर दोनों हाथ रखे स्थिर रूप से खड़े हो गये। फिर अचानक चीत्कार करते हुए बोले–"आज तेरा निस्तार नहीं है। आ जा तू। तुझे आज खा जाऊंगा।"

उनकी आवाज क्रमशः बुलन्द होती गयी और इधर लोगों के कलेजे की धड़कन बढ़ गयी। पता नहीं, आज कौन-सी अनहोनी घटना होने वाली है।

इस वक्त गंगा किनारे पूर्ण रूप से सन्नाटा छा गया था। सभी सांस रोककर सोच रहे थे कि इतने बड़े जहाज को साधू बाबा कैसे खा सकेंगे।

भीम-गर्जन करता हुआ जहाज पास आ गया। नदी की लहरें घाट की सीढ़ियों से टकराने लगीं।

साधु ने कहा –"आ गया? आ-जा पास।"

इतना कहने के बाद वे मुंह को विराट रूप से खोलकर आगे जहाज की ओर बढ़ गये।

ठीक इसी समय क्या हुआ, जानते हो? तीसरे-से-दस-पन्द्रह व्यक्ति अचानक हाऊ-माऊ करते हुए दौड़ते हुए, पानी में आकर बाबाजी के चरणों में गिर गये। उन लोगों ने कहा—रक्षा कीजिए, "प्रभो। निर्जीव, अचेतन, तुच्छ एक अपदार्थ है यह जहाज। इससे एक अपराध हो गया है, क्या इस अपराध के लिए क्षमा नहीं किया जा सकता? इस जहाज पर क्रोध करना आपके लिए उचित नहीं है। इसके अलावा जहाज पर अनेक नर-नारी, शिशु और न जाने कितने निरीह लोग सवार हैं। उन्होंने तो कोई अपराध नहीं किया है। आखिर उन्हें किस अपराध का दण्ड देंगे?"

इस प्रार्थना को सुनते ही साधु जी की भौंहों पर बल पड़ गये। कुछ देर तक गंभीर रूप में न जाने क्या सोचने लगे। इसके बाद लम्बी सांस लेकर बोले—"ठीक कह रहे हो। अच्छा, जाने दो। तुम्हारी बात रह गयी।"

इसके बाद जहाज की ओर देखते हुए साधुजी ने कहा—"जाओ बेटा, आज तुम बाल-बाल बच गये, तेरा पुनर्जन्म हुआ।"

तब तक जहाज काफी आगे निकल गया था।

आदमपुर घाट के लोगों ने शान्ति की सांस ली।

इस कहानी को सुनने के बाद वनफूल ने कहा—"अब तक लोगों की जबानी सुनता आया था कि आप बैठकी कहानी बड़े मनोरंजक ढंग से सुनाते हैं। आज अपने कानों से सुनने का अवसर मिला। सचमुच बहुत सुन्दर कहानी है।"

मन्दिर

एक गांव में नदी के किनारे कुम्हारों के दो घर थे। उनका काम था नदी में से मिट्टी उठाकर सांचे में ढालकर खिलौना बनाना और हाट में ले जाकर उन्हें बेच आना। हमेशा से उनके यहां यही काम होता आया है और इसी से उनके ओढ़ने-पहनने, खाने-पीने आदि की गुजर होती रही। औरतें भी काम करती हैं; पानी भरती हैं, रसोई बनाकर पति-पुत्र आदि को खिलाती हैं और आवां ठंडा होने पर उसमें से पके खिलौने निकाल-निकालकर उन्हें आंचल से झाड़-पोंछकर चित्रित करने के लिए मरदों के आगे रख दिया करती हैं।

शक्तिनाथ ने इन्हीं कुम्हार-परिवारों के बीच आकर अपने लिए एक स्थान बना लिया था। यह रोगक्लिष्ट ब्राह्ममणकुमार अपने बंधु-बांधव, खेल-कूद, पढ़ना-लिखना, सब कछ छोड़-छोड़कर एक दिन सहसा इन मिट्टी के खिलौनों पर झुक पड़ा। वह खपची की छुरी धो दता, सांचे के भीतर से मिट्टी साफ कर देता और उत्कंठित और असन्तुष्ट चित्त से देखता रहता कि खिलौनों का चित्रांकन कैसी असावधानी से हुआ करता है। स्याही से खिलौनों की भौंहें, आंखें, होंठ आदि अंकित कर दिये जाते थे, किसी की भौंहें मोटी हो जातीं तो किसी की आधी ही बनतीं, किसी के होंठ के नीचे स्याही का दाग लग जाता तो किसी के कुछ। शक्तिनाथ अधीर उत्सुकता के साथ प्रार्थना करता, "सरकार भैया, ऐसी लापरवाही से क्यों रंग रहे हो?" सरकार भैया, यानी कारीगर स्नेह के साथ हँसता हुआ जवाब देता, "महाराजजी, अच्छी तरह रंगने में पेसे लगते हैं, उतना देता कौन है, बोलो? एक पैसे का खिलौना चार पैसे में तो नहीं बिकेगा?"

इस सहज बात की काफी आलोचना करने पर भी शक्तिनाथ सिर्फ

आधी ही बात समझ सका। एक पैसे का खिलौना ठीक एक ही पैसे में बिकेगा, चाहे उसकी भौंहें पूरी हों, या आधी ही हों! दोनों आंखें समान, आसमान, चाहे जैसी हों, वही एक पैसा! फिजूल कौन इतनी मेहनत करे? खिलौने खरीदेंगे लड़के, दो घड़ी उससे प्यार करेंगे, सुलाएंगे, गोद में लेंगे, उसके बाद तोड़-फोड़कर फेंक देंगे, बस यही तो?

शक्तिनाथ घर से सवेरे जो मूड़ी, (भुने हुए नमकीन चावल), मुड़की (गुड़ में पगी खीलें) धोती बांध लाया था, उसका कुछ हिस्सा अब भी बंधा हुआ है। उसको खोलकर बहुत ही अनमाना-सा होकर चबाते-चबाते और बिखेरते-बिखेरते वह अपने टूटे-फूटे मकान के आंगन में आ खड़ा हुआ। घर में कोई नहीं था। भग्न स्वास्थ्य वृद्ध पिता जमींदार के यहां मदनमोहन भगवान् की पूजा करने गए थे। वहां से वे भीजे अरवा चावल, केले, मूली आदि चढ़ा हुआ नैवेद्य बांध लाएंगे, उसके बाद रांधकर पुत्र को खिलाएंगे। घर का आंगन कुन्द, कनेर और हरसिंगार के पेड़ों से भरा हुआ है। गृहलक्ष्मीहीन मकान में चारों तरफ जंगल दिखाई देता है—किसी तरह का सिलसिला नहीं, किसी चीज में सजावट नहीं। वृद्ध भट्टाचार्य मधुसूदन किसी तरह दिन काटते हैं! शक्तिनाथ फूल तोड़ता, डालें हिलाता और पत्तियां नोंचता हुआ सारे आंगन में अन्यमनस्क भाव से घूमने-फिरने लगा।

रोज सवेरे शक्तिनाथ कुम्हारों के घर जाया करता है। आजकल उसे खिलौनों पर रंग चढ़ाने का अधिकार मिल गया है। उसका सरकार भैया बड़े जतन के साथ सब से अच्छा खिलौना छांट कर उसके हाथ में देता और कहता, 'लो महाराजजी, इसे तुम रंगो।' महाराजजी दोपहर तक उसी एक खिलौने को रंगते रहते। शायद खूब अच्छा रंगा जाता; फिर भी एक पैसे से ज्यादा कोई नहीं देता। परन्तु सरकार भैया घर आकर कहता, "महाराजजी का रंगा हुआ खिलौना दो पैसे में बिका!" सुनकर शक्तिनाथ मारे खुशी के फूला नहीं समाता।

इस गांव के जमींदार कायस्थ हैं। देव-द्विज पर उनकी भक्ति बहुत ही बढ़ी-चढ़ी है। गृह-देवता, मनदमोहन की प्रतिमा कसौटी की है; पास ही सुवर्णरंजित श्रीराधा हैं अतिशय ऊंचे मन्दिर में रैप्य सिंहासन पर उन्हींके द्वारा प्रतिष्ठित। वृंदावन-लीला के कितने ही अपूर्व सुन्दर चित्र दीवारों पर

सुशोभित हैं। ऊपर कीमखाब का चंदोवा है जिसके बीच में सैकड़ों शाखा वाला झाड़ लटक रहा है। एक तरह संगमरमर की वेदी पर पूजा की सामग्री सजी हुई है और नित्यंनिवेदित पुष्प-चन्दन के घन-सौरभ से मन्दिर-भर सुरभित हो रहा है। शायद स्वर्गसुख और सौन्दर्य की याद दिलाने के लिए ये पुष्प और यह सुगन्ध पूजा का प्रथम उपचार बने हुए हैं, और उनकी सुकोमल सुरभि ने वायु के स्तर-स्तर में संचित होकर इस मन्दिर की वायु का निविड़ बना रखा है।

बहुत दिनों की बात कह रहा हूं। जमींदार राजनारायण बाबू ने जब प्रौढ़ता की सीमा में पांव रखते ही पहले-पहल समझा कि इस जीवन की छाया क्रमशः दीर्घ और अस्पष्ट होती आ रही है, जिस दिन सवेरे पहले-पहल समझा कि इस जमींदारी और धन-ऐश्वर्य के भोग की मियाद प्रतिदिन घटती जा रही है, पहले-पहल जिस दिन मन्दिर के एक ओर खड़े-खड़े उन्होंने आंखों से अनुताप के आंसू बहाये—मैं उसी दिन की बात कर रहा हूं। तब उनकी एकमात्र कन्या अपर्णा पांच वर्ष की बालिका थी। पिता के पौरों के पास खड़ी होकर वह एकाग्रचित्त से देखा करती, मधुसूदन भट्टाचार्य मन्दिर के उस काले खिलौने को चन्दन से चर्चित कर रहे हैं, फूलों से हिंसासन वेष्टित कर रहे हैं और उसकी स्निग्ध आशीर्वाद की भांति मानो उसे स्पर्श करती फिरती है। इसी दिन से प्रतिदिन वह बालिका सन्ध्या के बाद अपने पिता के साथ देवता की आरती देखने आया करती और मंगलोत्सव के बीच में वह अकारण ही विभोर होकर देखती रह जाती है।

धीरे-धीरे अपर्णा बड़ी होने लगी। हिन्दू घराने की लड़की जिस तरह ईश्वर की धारणा हृदयंगम किया करती है, वह भी वैसे ही करने लगी। इस मन्दिर को पिता की अत्यन्त आदर की सामग्री जानकर उसे वह अपने ही हृदय-शोणित के समान समझने लगी और अपने प्रत्येक काम और खेल-कूद में यही बात प्रमाणित करने लगी। दिन-भर उस मन्दिर के आसपास बनी रहती और एक भी सूखी घास का तिनका या सूखा फूल मन्दिर के भीतर पड़ा रहने देना उसे सहन नहीं होता। एक बूंद पानी कहीं गिर गया तो उसे वह अपने आंचल से पोंछ देती। राजनारायण बाबू की देव-निष्ठा को लोग ज्यादती समझते थे, परन्तु अपर्णा की देव-सेवापरायणता उस सीमा का भी

अतिक्रम करने लगी। पुराने पुष्प पात्र में अब फूल नहीं समाते, दूसरा एक बड़ा मंगाया गया है। चन्दन की पुरानी कटोरी बदल दी गई है। भोज्य ओर नैवेद्य का परिणाम पहले से बहुत बढ़ गया है। यहां तक कि नित्य नूतन नाना प्रकार की पूजा का आयोजन और उसकी निर्दोष व्यवस्था के झंझट में पड़कर वृद्ध पुरोहित तक घबरा उठे हैं। जमींदार राजनारायण बाबू यह सब देख-सुनकर भक्ति और स्नेह से गद्गद कंठ से कहते, "देवता ने मेरे घर स्वयं अपनी सेवा के लिए लक्ष्मी को भेज दिया है, तुम लोग कोई कुछ बोलो मत।"

यथासमय अपर्णा का विवाह हो गया। इस आशंका से कि मन्दिर छोड़कर अब उसे अन्यत्र कहीं जाना पड़ेगा, उसके चेहरे की हंसी असमय में ही सूख गई। दिन सुधवाया जा रहा है, उसे ससुराल जाना होगा। भरपूर बिजली छाती में दबाये वर्षा के घने काले बादल जैसे अवरुद्ध गौरव के गुरुभार से स्थिर होकर कुछ देर तक आकाश में वर्षणोन्मुख होकर खड़े रहते हैं, उसी तरह स्थिर होकर अपर्णा ने एक दिन सुना कि वह सुधवाया हुआ दिन आज आ गया है। उसके पिता के पास जाकर कहा, "बाबूजी, मैं भगवान की सेवा का जो बन्दोबस्त किये जाती हूं, उसमें किसी तरह का फर्क न आने पाए।"

वृद्ध पिता रो पड़े, बोले, "सो तो, बिटिया, नहीं, कोई फर्क नहीं आएगा।"

अपर्णा चुपचाप चली आई। उसके मां नहीं है, वह रो नहीं सकी। वृद्ध पिता की दोनों आंखों में आंसू भरे हैं, वह गुस्सा कैसे हो सकती है? इसके बाद, योद्धा जिस तरह अपने व्यथित क्रन्दनोन्मुख वीर हृदय को पौरुष-शुष्क हंसी से ढंककर झटपट घोड़े पर सवार होकर चल देता है, उसी तरह अपर्णा पालकी में चढ़ कर गांव छोड़कर अनजाने कर्तव्य के शासन को सिर-माथे रखकर चली गई। अपने उच्छ्वसित आंसू पोंछते हुए उसे याद आया कि पिता के आंसू तो पोंछ ही नहीं आई। उसका हृदय रो-रोक लगातार न जाने कितनी शिकायतें करने लगा। एक तो वैसे ही उसका हृदय सैकड़ों व्यथाओं से व्यथित था, उस पर न जाने कहां, किस ग्रामान्तर के मन्दिर में जब संध्या के शंख-घंटा बज उठे, तो वह आजन्म-परिचित आरती

का आह्वान-शब्द उसके कानों के भीतर से मर्म तक नैराश्य का हाहाकार पहुंचाने लगा। छटपटाकर अपर्णा ने पालकी का द्वार खोल डाला; वह संध्या के अन्धकार में से देखने लगी और छायानिबिड़ ऊंची एक-एक देवदारु की चोटी पर एक परिचित मन्दिर के समुन्नत शिखर की कल्पना करके वह उच्छ्वसित आवेग से रो उठी। ससुराल की एक दासी उसके पीछे ही चली आ रही थी। उसने झटपट पास आकर कहा, "छि; बहूजी, इस तरह क्या रोना चाहिए? सुसराल कौन नहीं जाता?"

अपर्णा ने दोनों हाथों से मुंह ढंककर रोना बन्द कर पालकी के किवाड़ बन्द कर लिये।

ठीक इसी समय मंदिर के भीतर खड़े होकर पिता राजनारायण मदनमोहन भगवान् के सामने धूप के धूम्र और अश्रुओं से अस्पष्ट एक देवी मूर्ति के अनिन्द्यसुन्दर मुख पर प्रियतमा दुहिता की मुखच्छवि देख रहे थे।

अपर्णा पति के घर रहती है। यहां उसके इच्छाहीन पति-सम्भाषण में जरा भी आवेग और जरा-सा चांचल्य तक प्रकट न हुआ। प्रथम प्रणय का स्निग्ध संकोच और मिलन की सलज्ज उत्तेजना, कोई भी उसके म्लान चक्षु की पूर्व दीप्ति वापस न ला सका। प्रारम्भ से ही स्वामी और स्त्री दोनों ही जैसे परस्पर एक-दूसरे के सामने किसी दुर्बोध अपराध के अपराधी बन रहे हैं; और उसी की क्षुब्ध वेदना कूलप्लाविनी उच्छ्वसिता तटिनी की भांति एक दुर्लंघ्न व्यवधान खड़ा कर बहती चली जाने लगी।

एक दिन बहुत रात बीते अमरनाथ ने धीसे से पुकारकर कहा, "अपर्णा, तुम्हें यहां रहना अच्छा नहीं लगता?"

अपर्णा जाग रही थी, बोली, "नहीं।"

अमर–"मायके जाओगी?"

अपर्णा–"जाऊंगी।"

अमर–"कल जाना चाहती हो?"

अपर्णा–"हां, जाना चाहती हूं।" क्षुब्ध अमरनाथ जवाब सुनकर अवाक् रह गया। कुछ देर चुप रहकर बोला–और अगर जाना न हो सके?

अपर्णा ने कहा–"तो जैसे हूं वैसे ही रहूंगी।"

फिर कुछ देर दोनों ही चुप रहे। अमरनाथ ने बुलाया–"अपर्णा!"

अपर्णा ने अन्यमनस्क भाव से कहा—"क्या है?"

"मेरे क्या तुम्हें कोई जरूरत ही नहीं?"

अपर्णा ने कपड़े से सर्वांग अच्छी तरह ढंककर आराम से सोते हुए कहा, "इन सब बातों से बड़ा झगड़ा होता है, ये सब बातें मत करो।"

"झगड़ा होता है—कैसे जाना?"

"जानती हूं, मेरे मायके में मझले भैया और मंझली भाभी में इसी बात पर रोज खटक जाया करती है। मुझे कलह-लड़ाई अच्छी नहीं लगती।"

सुनकर अमरनाथ उत्तेजित हो उठा। अंधेरे में टटोलता हुआ मानो वह इसी बात को अब तक ढूंढ रहा था, सहसा आज मानो वह हाथ में आ लगी; कहने लगा, "आओ अपर्णा, हम भी झगड़ा करें! इस तरह रहने की अपेक्षा तो लड़ाई-झगड़ा लाख गुना अच्छा है।"

अपर्णा ने स्थिर भाव से कहा, "छिः, झगड़ा क्यों करने चले? तुम सो जाओ।"

इसके बाद इस बात को कि अपर्णा सोई या जागती रही, अमरनाथ सारी रात जागते हुए भी न समझ सका।

भारे से लेकर शाम तक अपर्णा का सारा दिन काम-काज और जप-तप में बीत जाता है। यह देखकर कि रस-रंग और हास्य-कौतुक में वह जरा भी प्रवेश नहीं करती, उसकी बराबरी की मजाक में उसे न जाने क्या-क्या कहती रही, ननदें उसे 'गुसाई जी' कहकर हंसी उड़ातीं, फिर भी वह उनके दल में मिल-जुल न सकी; बार-बार यही सोचने लगी कि दिन व्यर्थ ही बीते जा रहे हैं। और यह जो अलक्ष्य आकर्षण से उसका प्रत्येक शोणित-बिन्दु उस पितृप्रतिष्ठित मंदिर की ओर भाग जाने के लिए पूर्णिमा के उद्वेलित सिन्धुवारि की तरह हृदय के कूल-उपकूल पर दिन-रात पछाड़ें खा रहा है, उसको कैसे रोका जाए? घर-गिरस्ती के काम से या छोटे-मोटे हास-परिहास से? उसका क्षुब्ध अस्वस्थ चित्त, जो एक भारी भ्रान्ति को सिर पर लादे हुए आप-ही-आप चक्कर खाकर मर रहा है, उसके पास तक पति का लाड़-प्यार, स्नेह, परिजन-वर्ग का प्रीति-सम्भाषण कैसे पहुंचे? किस तरह वह समझे कि कुमारी की देव-सेवा के द्वारा नारीत्व के कर्तृव्य का सारा परिसर परिपूर्ण नहीं किया जा सकता?

अमरनाथ के समझने की भूल है, वह उपहार लेकर स्त्री के पास आया है। दिन के करीब नौ-दस बजे होंगे। नहाने के बाद अपर्णा पूजा करने जा रही थी। जहां तक हो सका, गले का स्वर मधुर करके अमरनाथ ने कहा, "अपर्णा, तुम्हारे लिए कुछ उपहार लाया हूं, दया करके लोगी क्या?"

अपर्णा ने मुस्कराते हुए कहा, "लूंगी क्यों नहीं?"

अमरनाथ के हाथ में चांद आ गया। वह आनन्द के साथ शौकीन रूमाल में बंधे हुए एक सूफियाने बाक्स का ढक्कन खोलने बैठ गया। ढक्कन के ऊपर सुनहरे अक्षरों में अपर्णा का नाम लिखा हुआ है। अब उसे अपर्णा का चेहरा देखने के लिए इस बार उसके मुंख की तरफ देखा; परन्तु देखा कि आदमी कांच की बनी नकली आंख लगाकर जैसे देखता है उसी तरह अपर्णा उसकी तरफ देख रही है। यह देखकर उसके सारे उत्साह ने एक निमेष में बुझकर मानो अर्थहीन एक बूंद सूखी हंसी में अपने को छिपाना चाहा। शरम के मारे गड़ जाने पर भी उसने बाक्स का ढक्कन खोलकर कुन्तलीन आदि की कई एक शिशियां और न जाने क्या-क्या निकालना शुरू किया, परन्तु अपर्णा ने बाधा देते हुए कहा, "यही सब क्या मेरे लिए लाए हो?"

अमरनाथ के बदले गोया और किसी ने जवाब दिया, "हां, तुम्हारे ही लिए लाया हूं—दिलखुश की शिशियां।"

अपर्णा ने पूछा, "बाक्स भी मुझे दे दिया क्या?"

"जरूर।"

"तो फिर क्यों यों ही सब बाहर निकाल रहे हो? बाक्स में ही रहने दो सब।"

"अच्दा, रहने दो। तुम लगाओगी न?"

अकस्मात् अपर्णा की भौंहें सिकुड़ गईं। सारी दुनिया से लड़ाई करके उसका क्षत-विक्षत हृदय परास्त होकर वैराग्य ग्रहण पूर्वक चुपचाप एकान्त में जा बैठा था, सहसा उन पर इस स्नेह के अनुरोध ने कुत्सित उपहार का आघात किया; चंचल होकर उसने उसी वक्त प्रतिघात किया; कहा, "नष्ट नहीं होगा, रख दो। मेरे सिवाय और बहुत लोग इस्तेमाल करना जानते हैं।" इतना कहकर उत्तर के लिए जरा भी प्रतीक्षा किये बिना, अपर्णा पूजाघर में

चली गई और अमरनाथ विह्वल की तरह उस अस्वीकृत उपहार पर हाथ रखे हुए उसी तरह बैठा रहा। पहले उसके मन-ही-मन हजार बार अपने को निर्बोध कहकर तिरस्कृत किया। फिर बहुत देर बाद उसने एक गहरी सांस भरकर कहा, "अपर्णा, तुम पाषाणी हो!" उसकी आंखों में आंसू भर आए, वह वहीं बैठा-बैठा बराबर आंखें पोंछने लगा। अपर्णा यदि स्पष्ट भाषा में अस्वीकार करती तो बात कुछ और ही तरह का असर लाती। वह जो अस्वीकार किए बिना अस्वीकार की पूरी जलन उसके देह पर पोत गई है, उसका प्रतिकार वह कैसे करे? क्या वह अपर्णा को उसके पूजा के आसन से खींच लाकर उसी के सामने उसके उपेक्षित उपहार को खुद ही लात मारकर तोड़-फोड़ डाले और सबके सामने भीषण प्रतिज्ञा करे कि अब वह उसका मुंह न देखेगा? वह क्या करे, कितना और क्या कहे, कहां लापता हो कर चला जाए, क्या भस्म रमाकर साधु-संन्यासी हो जाए और कभी अपर्णा के दुर्दिनों में अकस्मात् कहीं से आकर उसकी रक्षा करे? इस प्रकार सम्भव-असम्भव न जाने कितने तरह के उत्तर-प्रत्युत्तर और वाद-प्रतिवाद उसके अपमान-पीड़ित मस्तिष्क में अधीरता के साथ उत्पन्न होने लगे। नतीजा यह हुआ कि वह उसी तरह बैठा रहा, और वैसे ही रोने लगा। परन्तु किसी भी तरह उसके इन शुरू से आखिर तक के विशृंखल संकल्पों की लम्बी सूची पूरी न हो सकी।

उसके बाद दो दिन और दो रातें बीत गईं, अमरनाथ घर सोने नहीं आया। मां को मालूम पड़ने पर उन्होंने बहू को बुलाकर थोड़ा-बहुत डाटा-फटकारा और पुत्र को बुलाकर समझाया-बुझाया। ददिया सास भी इस बीच में जरा मजाक उड़ा गईं इस तरह सात-पांच में बात हलकी पड़ गईं। रात को अपर्णा ने पति से क्षमा की भिक्षा मांगी, कहा, "अगर मन में कष्ट पहुंचा हो तो मुझे क्षमा करो।" अमरनाथ बात नहीं कर सका। पलंग के एक किनारे बैठकर बिछौने की चादर को बार-बार खींचकर उसे साफ करने लगा। सामने ही अपर्णा खड़ी थी, चेहरे पर उसक म्लान मुस्कराहट थी। उसने फिर कहा, "क्षमा नहीं करोगे?"

अमरनाथ ने सिर झुकाए हुए ही कहा, "क्षमा किसलिए? और क्षमा करने का मुझे अधिकार ही क्या है?"

अपर्णा ने पति के दोनों हाथ अपने हाथ में लेकर कहा, "ऐसी बात मत करो। तुम मेरे स्वामी हो, तुम नाराज रहोगे तो मेरी कैसे गुजर होगी? तुम क्षमा न करोगे तो मैं खड़ी कहां होऊंगी? क्यों गुस्सा हो गए हो बताओ?"

अमरनाथ ने आर्द्र होकर कहा, "गुस्सा तो नहीं हुआ।"

"नहीं हुए तो?"

"नहीं।"

अपर्णा को कलह अच्छा नहीं लगता; इसलिए विश्वास न होते हुए भी उसने विश्वास कर लिया और कहा, "तो ठीक है।"

इसके बाद वह बिल्कुल बेफिक्र होकर बिस्तर के एक तरफ सो रही।

परन्तु अमरनाथ को इससे भारी आश्चर्य हुआ। दूसरी तरफ मुंह फेरकर बराबर वह मन-ही-मन यही तर्क-वितर्क करने लगा कि इस बात पर उसकी स्त्री ने विश्वास कैसे कर लिया? मैं जो दो दिन आया नहीं, मिला नहीं, फिर भी मैं गुस्सा नहीं हुआ, यह क्या विश्वास करने की बात है? इतनी बड़ी घटना इतनी जल्दी मिटकर व्यर्थ हो गई। इसके बाद जब उसने समझा कि अपर्णा सचमुच ही सो गई है, तब वह एकबारगी उठकर बैठ गया और बिना किसी दुविधा के जोर से पुकार बैठा, "अपर्णा, तुम क्या सो रही हो? ओ अपर्णा!"

अपर्णा जाग गई बोली, "बुला रहे हो?"

"हां, मैं कलकत्ते जाऊंगा!"

"कहा, यह बात तो पहले नहीं सुनी! इतनी जल्दी तुम्हारे कॉलेज की छुट्टी निबट गई? और भी दो-चार नहीं रह सकते?"

"नहीं, अब रहना नहीं हो सकता।"

अपर्णा ने जरा कुछ सोचकर फिर पूछा, "तब क्या तुम मेरे ऊपर गुस्सा होकर जा रहे हो?"

बात सच थी, अमनाथ भी जानता है, पर वह इस बात को मंजूर न कर सका। संकोच ने आकर गोया उसकी धोती का छोर पकड़कर उसे लौटा लिया।

आशंका हुई कि कहीं वह अपना निकम्मापन प्रमाणित करके अपर्णा

के सम्मान की हानि न कर बैठे; इस तरह इस कुतूहल-विमुख नारी की निश्चेष्टता ने उसे अभिभूत कर डाला। पतित्व का जितना तेज उसने अपने स्वाभाविक अधिकार से ग्रहण किया था, उस सबको अपर्णा ने इन चार-पांच महीनों में ही धीरे-धीरे खींचकर निकाल लिया है, अब वह क्रोध प्रकट करे तो किस बिरते पर! अपर्णा ने कहा, "नाराज होकर कहीं मत जाना! नहीं तो मेरे मन को बड़ी चोट पहुंचेगी।"

अमरनाथ झूठ और सच मिलाकर जितना बनाकर कह सका, उसके मानी थे कि वह नाराज नहीं हुआ और उसके प्रमाणस्वरूप वह और भी दो दिन रहकर जाएगा। रहा भी दो दिन। परन्तु रोकर विजयी होने की एक लज्जाजनक बेचैनी उसके मन में बनी ही रही।

एक साथ जोर की वर्षा आ जाने में एक भलाई है, उससे आकाश निर्मल हो जाता है। परन्तु बूंदाबांदी से बादल तो साफ होते ही नहीं, उल्टे पैरों तले कीचड़ और चारों तरफ निरानन्दमय भाव बढ़ जाता है। अपने घर से जो कीचड़ लपेटकर अमरनाथ कलकत्ता आया, धो डालने के लिए इतनी बड़ी विराट् नगरी में उसे जरा-सा पानी तक ढूंढे न मिला। यहां उसके पूर्व परिचित जितने भी सुख थे, उनके सामने अपने कीचड़ से सने पैर निकालने में भी उसे शरम मालूम होने लगी। न तो पढ़ने-लिखने में उसका मन लगता और न हंसने-खेलने में ही तबीयत जमती। यहां रहने की भी इच्छा नहीं होती और घर जाने को भी तबीयत नहीं करती। उसकी छाती पर मानो दुस्सह यंत्रणा का भार-सा लदा हुआ है और उसे ढकेल फेंकने के लिए व्याकुल हृदय की पसलियां आपस में टकरा रही हैं। परन्तु सारी चेष्टाएं व्यर्थ।

इसी तरह अन्तर्वेदना को लिये हुए दिन वह बीमार पड़ गया। समाचार पाकर माता-पिता दौड़े आए, किन्तु अपर्णा को साथ नहीं लाए। यह बात नहीं थी कि अमरनाथ ने भी ठीक ऐसी ही आशा की हो, फिर भी उसका दिल बैठ गया। बीमारी उत्तरोत्तर बढ़ने लगी। ऐसे समय में स्वभावतः ही उसे अपर्णा को देखने की इच्छा होती, पर मुंह खोलकर उस बात को वह कह नहीं सका। पिता-माता भी समझ न सके। सिर्फ दवा, पथ्य और डॉक्टर-वैध। अन्त में उसने इन सबके हाथ से मुक्ति प्राप्त की, एक दिन

उसका देहान्त हो गया।

विधवा होकर अपर्णा सुन्न हो गई। सारे शरीर में रोमांच हो आया और एक भयंकर सम्भावना उसके मन में उदित हुई कि शायद उसी की कामना का फल है। शायद वह इतने दिनों से मन-ही-मन यही चाहती थी–अन्तर्यामी ने इतने दिनों बाद उसकी कामना पूरी की है! बाहर से सुनाई दिया, उसके पिता जोर-जोर से रो रहे हैं। यह क्या स्वप्न है? वे कब आए? अपर्णा ने जंगला खोला और झांककर देखा, सचमुच ही राजनारायण बाबू बच्चों की तरह धूल में लोटकर रो रहे हैं। पिता की देखा-देखी वह अब घर के भीतर लौट पड़ी और आंसुओं से जमीन भिगोने लगी।

शाम होने में अब देर नहीं। पिता ने आकर अपर्णा को छाती से लगाते हुए कहा, "बिटिया! अपर्णा!"

अपर्णा ने रोते-राते कहा, "बाबू जी!"

"तेरे मदनमोहन ने तुझे बुलाया है, बिटिया!"

"चलो, बाबूजी, वहीं चलें।"

"तेरा वहां सब काम पड़ा हुआ है, बिटिया!"

"चलो, बाबूजी, घर चलें।"

"चलो, बिटिया, चलो।" कहते हुए पिता ने स्नेह से बिटिया का माथा चूमा, साथ ही सारा दुःख छाती से पोंछकर मिटा दिया और फिर लड़की का हाथ पकड़कर दूसरे दिन उसे अपने घर ले आए। उंगली से दिखाते हुए बोले, "वह रहा बिटिया तेरा मन्दिर! वे हैं तेरे मदनमोहन!"

निराभरणा अपर्णा वैधव्य-वेश में कुछ और तरह की दिखाई देती है, मानो सफेद वस्त्र और रूखे बालों से वह और अच्छी लगने लगी है। उस ने पिता की बात पर बहुत ज्यादा विश्वास किया, सोचने लगी, देवताओं के आह्वान से ही वह लौट आई है। भगवान् के मुंह पर मानो इसलिए हंसी है, मन्दिर में मानो इसीलिए सौ गुना सौरभ है! उसे मालूम होने लगा, मानो वह इस पृथ्वी से बहुत ऊंची पहुंच गई है।

जो स्वामी अपने मरण से पृथ्वी से इतना ऊंचा रख गए हैं, उन मृत स्वामी को सौ बार प्रणाम करके अपर्णा ने उनके लिए अक्षर स्वर्ग की कामना की।

शक्तिनाथ एकाग्रचित्त से प्रतिमा बना रहा था। पूजा करने की अपेक्षा प्रतिमा बनाना उसे अधिक पसन्द है। कैसा रूप, कैसी नाक, कैसा कान और कैसी आंखें होनी चाहिए, कौन-सा रंग ज्यादा खिलेगा, यही उसके आलोच्च विषय थे। किस चीज से पूजा करनी चाहिए और किस मंत्र का जप करना चाहिए, इन सब छोटे विषयों पर उसका लक्ष्य नहीं था। देवताओं के सम्बन्ध में अपने आपका प्रमोशन देकर सेवक के स्थान पर चढ़ गया था। फिर भी पिता ने उसे आदेश दिया, "शक्तिनाथ, आज मुझे बुखार ज्यादा है, जमींदार के घर तुम्हीं जाकर पूजा कर आओ।"

शक्तिनाथ ने कहा, "अभी प्रतिमा बना रहा हूं।"

वृद्ध असमर्थ पिता ने गुस्से में आकर कहा, "लड़कों का खेल अभी रहने दो, बेटा, पहले काम निबटा आओ।"

पूजा के मंत्र पढ़ने में उसकी जरा भी तबीयत नहीं लगती, फिर भी उठकर जाना पड़ा। पिता की आज्ञा से स्नान करके चद्दर और अंगोछा कंधे पर डालकर वह देव मन्दिर में आ खड़ा हआ। इससे पहले भी वह कई बार इस मन्दिर में पूजा करने आया है, परन्तु ऐसी अनोखी बात उसने कभी नहीं देखी। इतनी पुष्प-सुगन्धि, इतना धूप-सुगंधि का आडम्बर, भोज्य और नैवेद्य की इतनी बहुलता! उसे बड़ी चिन्ता हुई, इतना सब लेकर वह करेगा क्या? किस तरह किस-किस की पूजा करेगा? सब से ज्यादा आश्चर्य हुआ उसे अपर्णा को देखकर! यह कौन कहां से आई है? इतने दिनों तक कहां थी?

अपर्णा ने कहा, "तुम भट्टाचार्य जी के लड़के हो?"

शक्तिनाथ ने कहा, "हां।"

"तो पांव धेकर पूजा करने बैठो।"

पूजा करने बैठा तो शक्िताथ शुरू से ही सब-कुछ भूल गया। एक भी मंत्र उसे याद नहीं रहा। उधर उसका मन भी नहीं, विश्वास भी नहीं। सिर्फ यही सोचने लगा, यह कौन है, क्यों इतना रूप है, किसलिए बैठी है, इत्यादि। पूजा की पद्धति में उलट-फेर होने लगा। विज्ञ परीक्षक की भांति पीछे बैठी हुई अपर्णा सब समझ गई कि घंटा बजाकर, कभी पुष्प डालकर, कभी नैवेद्य पर जल छिड़ककर यह अज्ञ पुरोहित सिर्फ पूजा का ढोंग कर रहा है। हमेशा से देखते-देखते इन बातों को अपर्णा अच्छी तरह समझती थी, शक्तिनाथ

भला उसे कैसे धोखा दे सकता था? पूजा समाप्त होने पर कठोर स्वर में अपर्णा ने कहा, "तुम ब्राह्मण के पुत्र हो, पूजा करना नहीं जानते?"

शक्तिनाथ ने कहा, "जानता हूं।"

"खाक जानते हो!"

शक्तिनराथ ने विह्वल की भांति उसके मुंह की तरफ देखा, फिर वह चलने को तैयार हो गया। अपर्णा ने उसे रोका, कहा, "महाराज, यह सब सामग्री बांध ले जाओ, पर कल फिर मत आना। तुम्हारे पिता अच्छे हो जाएं, तब वे ही आएंगे।"

अपर्णा ने स्वयं उसकी चद्दर और अंगोछे में सब बांधकर उसे विदा कर दिया। मन्दिर के बार आकर शक्तिनाथ बार-बार कांप उठा।

इधर अपर्णा ने फिर नये सिरे से पूजा का आयोजन करके दूसरे बाह्मण को बुलाकर पूजा सम्पन्न कराई।

एक मास बीत गया। आचार्य यदुनाथ जमींदार राजनारायण बाबू को समझाकर कह रहे हैं, "आप तो सब कुछ समझते हैं। बड़े मन्दिर की यह वृहत् पूजा मधु भट्टाचार्य के लड़के से हरगिज नहीं हो सकती।"

राजरानायण बाबू ने अनुमोदन करते हुए कहा, "बहुत दिन हुए, अपर्णा ने भी ठीक यही बात कही थी।"

आचार्य ने अपने मुखमंडल को और गम्भीर बनाकर कहा, "सो तो कहा होगा ही। वे ठहरीं साक्षात् लक्ष्मीस्वरूपा! उनसे कुछ अगोचर थोड़े ही है।"

जमींदार बाबू का भी ठीक ऐसा विश्वास है। आचार्य कहने लगे, "पूजा चाहे मैं करूंगा या और कोई भी करे, अच्छा आदमी होना चाहिए। मधु भट्टाचार्य जब तक जीवित थे तब तक उन्होंने पूजा की है, अब उनके पुत्र का ही पुरोहिताई करना उचित है, परन्तु वह तो आदमी नहीं। वह तो सिर्फ पट रंगने जानता है, खिलौना बना सकता है, पूजा-पाठ करना नहीं जानता।"

रामनारायण बाबू ने अनुमति दे दी, "पूजा आप करें, पर अपर्णा को एक बार पूछ देखूं।"

पिता के मुंह से यह बात सुनकर अपर्णा ने सिर हिलाया, बोली,

"ऐसा भी कहीं होता है? ब्राह्मण का लड़का निराश्रय ठहरा, उसे कहां विदा कर दिया जाए? जैसे जानता है, वैसे ही पूजा करेगा। भगवान् उसी से सन्तुष्ट होंगे।"

पुत्री की बात सुनकर पिता को चैतन्य हुआ। बोले, "मैंने इतना सोच-समझकर नहीं देखा था। बेटी, तुम्हारा मन्दिर है, तुम्हारी ही पूजा है, तुम्हारी जैसी इच्छा हो वैसा करो। जिसे चाहो उसी को सौंप दो।"

इतना कहकर पिता चले आए। अपर्णा ने शक्तिनाथ को बुलाकर उसी को पूजा का भार सौंपा। फटकार खाने के बाद फिर वह इधर नहीं आया था। इस बीच में उसके पिता की मृत्यु हो गई, और अब वह स्वयं रुग्ण है। उसके सूखे चेहरे पर दुःख के शोक-चिह्न देखकर अपर्णा को दया आ गई, बोली, "तुम पूजा करना, जैसी जानते हो वैसी ही करना। उसी से भगवान् तृप्त होंगे।"

ऐसा स्नेह का स्वर सुनकर उसको साहस आ गया। सावधान होकर मन लगाकर वह पूजा करने बैठा। पूजा समाप्त होने पर अपर्णा ने अपने हाथ से वह जितना खा सकता था, उतना बांधकर कहा, "बहुत अच्छी पूजा की है। महाराज, तुम क्या अपने हाथ से रांधकर खाते हो?"

"किसी दिन बना लेता हूं, जिस दिन बुखार आ जाता है, उस दिन नहीं बना सकता।"

"तुम्हारे क्या और कोई नहीं है?"

"नहीं।"

शक्तिनाथ के चले जाने पर अपर्णा ने उसके प्रति कहा, "बेचारा!"

इसके बाद देवता के समक्ष हाथ जोड़कर उसकी तरफ से प्रार्थना की, "भगवान इसकी पूजा से तुम सन्तुष्ट होना; अभी लड़का है, इसका दोष-अपराध न लेना।"

उसी दिन से रोज अपर्णा दासी के जरिए खबर लेती रहती, वह क्या खाता है,क्या करता है, उसे किस चीज की जरूरत है। वह निराश्रय ब्रह्मणकुमार को उसने अज्ञात रूप से आश्रय देकर उसका सारा भार स्वेच्छा से अपने ऊपर ले लिया और उसी दिन से इन दोनों किशोर और किशोरी ने अपनी भक्ति, स्नेह और भूल-भ्रान्ति सबको एक करके, इस मन्दिर का

आश्रय लेकर जीवन के बाकी कामों को अपने से अलग-पराया कर डाला। शक्तिनाथ पूजा करता है, अपर्णा बता दिया करती है। शक्तिनाथ स्वतः पढ़ता है, अपर्णा मन-ही-मन उसका सहज अर्थ देवता को समझा दिया करती है। शक्तिनाथ सुगन्ध-पुष्प हाथ से उठाता है, अपर्णा अंजुली से दिखा-दिखाकर बताती जाती है, "महाराज, आज इस तरह सिंहासन सजाओ तो देखें, बहुत अच्छा लगेगा।" इसी तरह इस वृहत् मन्दिर का कार्य चलने लगा। देख-सुनकर आचार्य ने कहा, "लड़कों का खिलवाड़ हो रहा है!"

वृद्ध राजारायण ने कहा, "किसी भी तरह हो, लड़की अपनी अवस्था को भूली रहे तो अच्छा।"

थियेटर के स्टेज पर जैसे पहाड़-पर्वत, आंधी-मेंह एक क्षण में गायब होकर वहां एक विशाल राजप्रसाद कहीं से आ जुटता है, और लोगों की सुख-सम्पदा के बीच दुःख दैन्य का चिह्न तक विलुप्त हो जाता है, शक्तिनाथ के जीवन में भी मानो वैसा ही हुआ है। पहले तो उसे मालूम ही नहीं हुआ है कि वह जाग रहा था और अब सोकर सुख-स्वप्न देख रहा है या निद्रा में दुःस्वप्न देख रहा था और अब सहसा जाग उठा है। फिर भी, उसके पहले के वे विक्षिप्त खिलौने बीच-बीच में उसे इस बात की याद दिलाया करते हैं कि इस दायित्वहीन देव-सेवा की सोने की सांकल ने उसके सम्पूर्ण शरीर को जकड़कर बांध लिया है और रह-रहकर वह झनझना उठती है। वह अपने मृत पिता की याद किया करता और अपनी स्वाधीनता की बात सोचा करता। मालूम होता, मानो वह बिक गया है, अपर्णा ने उसे खरीद लिया है। इस तरह अपर्णा के स्नेह ने क्रमशः मोह की भांति धीरे-धीरे उसे आच्छन्न कर डाला।

अकस्मात् एक दिन शक्तिनाथ का ममेरा भाई वहां आ पहुंचा। उसकी बहन का विवाह था। मामा कलकत्ता रहते हैं। अभी समय अच्छा है, लिहाजा सुख के दिनों में भाजने की याद आई है। जाना होगा। सारी रात वह भैया के पास बैठा-बैठा कलकत्ता के आराम की कहानी, शोभा की बातें, समृद्धि का वर्णन सुनता रहा और सुनते-सुनते मुग्ध हो गया। दूसरे दिन मंदिर जाने की उसकी इच्छा नहीं हुई। सवेरा होते देख अपर्णा ने उसे बुलाया। शक्तिनाथ ने जाकर कहा, "आज कलकत्ता जाऊंगा—मामा ने बुलाया है।"

इतना कहकर वह जरा संकुचित होकर खड़ा हो गया। अपर्णा कुछ देर तक चुप रही, फिर बोली, "कब वापस आ जाओगे?"

शक्तिनाथ ने डरते हुए कहा, "मामा कह देंगे, तभी चला आऊंगा।"

अपर्णा ने फिर कुछ नहीं पूछा। फिर वही यदुनाथ आचार्य आकर पूजा करने लगे। फिर उसी तरह अपर्णा पूजा देखने लगी, परन्तु कोई बात करने की उसे जरूरत नहीं हुई और इच्छा भी नहीं थी।

कलकत्ता आकर विविध वैचित्र्य में आनन्द से दिन बिताने पर भी कुछ दिन बाद शक्तिनाथ का मन घर जाने के लिए फड़फड़ाने लगा। लम्बे और आलसी दिन अब उससे बिताए नहीं बीतते। रात को वह स्वप्न देखने लगा, अपर्णा उसे बुला रही है और जवाब न पाकर गुस्सा हो रही है। आखिर एक दिन उसने अपने मामा से कहा, "मैं घर जाऊंगा।"

मामा ने मना किया, "वहां जंगल में जाकर क्या करोगे? यहीं रहकर पढ़ो-लिखो, मैं तुम्हारी नौकरी लगा दूंगा।"

शक्तिनाथ सिर हिलाकर चुप हो गया। मामा ने कहा, "तो जाओ।"

बड़ी बहू ने शक्तिनाथ को बुलाकर कहा, "लालाजी, कल क्या घर चले जाओगे?"

शक्तिनाथ ने कहा, "हां, जाऊंगा।"

"अपर्णा के लिए मन फड़फड़ा रहा है न?"

शक्तिनाथ ने कहा, "हां।"

"वह तुम्हारी खूब खातिर करती है न?"

शक्तिनाथ ने सिर झुकाते हुए कहा, "खुब खातिर करती है।"

बड़ी बहू भीतर-की-भीतर मुस्कराई; अपर्णा की बातें उसने पहले ही सुन ली थीं और खुद शक्तिनाथ ने ही कही थीं। बोली, "तो लाला जी, वे दो चीजें लेते जाओ; उसे दे देना, वह और भी प्यार करेगी।" इतना कहकर उस ने एक शीशी की डाट खोलकर थोड़ा-सा दिलखुश सेण्ट उसकी देह पर छिड़ दिया। उसकी सुगन्ध से शक्तिनाथ पुलकित हो उठा और दोनों शीशियां को चादर के छोर में बांधकर दूसरे ही दिन घर लौट आया।

शक्तिनाथ ने मंदिर में प्रवेश किया। पूजा समाप्त हो चुकी थी। चादर में सेंट की शीशियां बंधी हैं, पर इन कई दिनों में अपर्णा उसके पास से

इतनी ज्यादा दूर हट गई है कि देने की हिम्मत नहीं होती। वह मुंह खोलकर किसी तरह कह ही न सका कि तुम्हारे लिए बड़ी साध से कलकत्ता से ये लाया हूं। सुगन्ध से तुम्हारे देवता तृप्त होते हैं, तुम भी होगी। सात दिन इसी तरह बीत गए, रोज वह चादर में शीशियां बांधकर ले जाता, रोज वापस आता, और फिर उन्हें जतन से दूसरे दिन के लिए उठाकर रख देता। पहले की तरह एक दिन भी अपर्णा उसे बुलाकर कोई बात पूछती तो शायद वह अपना उपहार उसे दे डालता, परन्तु वैसा मौका फिर आया नहीं।

आज दो दिन से उसे ज्वर आ रहा है, फिर भी डरते-डरते वह पूजा करने आ जाता है। किसी अज्ञात आशंका से वह अपनी पीड़ा की बात भी न कह सका। परन्तु अपर्णा ने पता लगा किया कि दो दिन से शक्तिनाथ ने कुछ खाया नहीं है, फिर भी पूजा करने आता है। अपर्णा ने पूछा, "महाराज, तुमने दो दिन से कुछ खाया नहीं?"

शक्तिनाथ ने सूखे मुंह से कहा, "रात को रोज बुखार आ जाता है।"

"बुखार आता है? तो फिर नहा-धोकर पूजा करने क्यों आते हो? तुमने कहा क्यों नहीं?"

शक्तिनाथ की आंखों में पानी भर आया। क्षणभर में वह सब बात भूल गया, और चद्दर की गांठ खोलकर दोनों शीशियां निकालकर बोला, "तुम्हारे लिए लाया हूं।"

"मेरे लिए?"

"हां, तुम सुगन्ध पसन्द करती हो न?"

गरम दूध जैसा जरा-सा आग की गरमी पाते ही बुलबुले देकर खौलने लगता है, अपर्णा के सारे शरीर का खून उसी तरह खौल उठा। शीशियां देखकर ही वह पहचान गई थी। उसने गम्भीर स्वर में कहा, 'दो....' और हाथ में लेकर मन्दिर के बाहर, जहां पूजा के चढ़े फूल पड़े सूख रहे थे, दोनों शीशियों फेंक दीं। मारे आतंक शक्तिनाथ की छाती का खून जम गया। कठोर स्वर में अपर्णा ने कहा, "महाराज, तुम्हारे भीतर-ही-भीतर इतना भरा है! अब तुम मेरे सामने मत आना, मंदिर की छाया भी न मंझाना। इसके बाद अपर्णा ने अपनी चम्पक अंगुली से बाहर का रास्ता दिखाकर कहा, "जाओ!"

आज तीन दिन हुए शक्तिनाथ को गए। यदुनाथ आचार्य फिर पूजा करने लगे, फिर म्लान मुख से अपर्णा पूजा देखने लगी, यह मानो और किसी की पूजा हो और कोई आकर समाप्त कर रहा है! समाप्त करके अंगोछे में नैबेद्य बांधते-बांधते आचार्य महाशय ने गहरी सांस लेकर कहा, "लड़का बिना इलाज के मर गया!"

आचार्य के मुंह की तरफ देखकर अपर्णा ने पूछा, "कौन मर गया?"

"तुमने नहीं सुना क्या? कई दिन ज्वर में पड़े-पड़े वही अपना मधु भट्टाचार्य का लड़का आज सवेरे मर गया।"

अपर्णा फिर भी उनके मुंह की तरफ देखती रही। आचार्य ने द्वार के बाहर आकर कहा, "आजकल पाप के फल से मृत्यु हो रही है, देवता के साथ क्या दिल्लगी चल सकती है, बेटी?"

आचार्य चले गए। अपर्णा द्वार बन्द करके जमीन पर माथा पटक-पटककर रोने लगी और हजार बार रो-रोकर पूछते लगी, "भगवान, यह किस के पाप से?"

बहुत देर बाद वह उठकर बैठ गई और आंखें पोंछकर उन सूखे फूलों के भीतर से उस स्नेह के दान को उठाकर उसने सिर से लगा लिया। फिर मन्दिर के भीतर प्रवेश करके देवता के चरणों के पास रखकर वह रोती हुई बोली, "भगवान, मैं जिसे नहीं ले सकी, उसे तुम ले लो। अपने हाथों से मैंने कभी पूजा नहीं की, आज कर रही हूं, तुम स्वीकार करो, तृप्त होओ, मेरे ओर कोई कामना नहीं है।"

बाल्य-स्मृति

नाकरण-संसकार के समय, या तो मैं ठीक तौर से तैयार नहीं हो पाया था या फिर बाबा का ज्योतिष शास्त्र में विशेष दखल न था–किसी भी कारण से हो, मेरा नाम 'सुकुमार' रखा गया। बहुत दिन न लगे, दो-चार साल में ही बाबा समझ गए कि नाम के साथ मेरा कोई मेल नहीं मिलता। अब मैं बारह-तेरह वर्ष बाद की बात कहता हूं। हालांकि मेरे आत्म-परिचय की सब बातें कोई अच्छी तरह समझ नहीं सके, फिर भी...

सुनिये, हम लोग गंवई-गांव के रहने वाले हैं। बचपन से मैं वहीं रहता आया हूं। पिताजी पछांह में नौकरी करते थे। मेरा वहां बहुत कम जाना होता था, नहीं के बराबर। मैं दादी के पास गांव ही में रहा करता। घर में मेरे ऊधम की कोई हद न थी। एक वाक्य में कहा जाए तो यों कहना चाहिए कि मैं एक छोटा-सा रावण था। बूढ़े बाबा जब कहते, 'तू कैसा हो गया है? किसी की बात ही नहीं मानता! अब मैं तेरे बाप को चिट्ठी लिखता हूं।' तो मैं जरा हंसकर कहता, "बाबा, वे दिन अब लद गए, बाप की तो चलाई क्या, अब मैं बाप के बाप से भी नहीं डरता।" और कहीं दादी मौजूद रहतीं, तो फिर डरने ही क्यों लगा? बाबा को वे ही कहतीं, 'क्यों, कैसा जवाब मिला?....और छेड़ोगे उसे?'

बाबा अगर नाराज होकर बाबूजी को चिट्ठी भी लिखते, तो उसी वक्त उनकी अफीम की डिबिया दुबका देता। फिर जब तक उनसे चिट्ठी फड़वाकर फिंकवा न देता, तब तक अफीम की डिबिया न निकालता। इन सब औठ-पावों (शरारतों) के डर से, खासकर नशे की तलब में खलल पड़ जाने से, फिर वे मुझसे कुछ नहीं कहते। मैं भी मौज करता।

पर, सभी सुखों की आखिर एक सीमा है। मेरे लिए भी वही हुआ।

बाबा के चचेरे भाई गोविन्द बाबू इलाहाबाद में नौकरी करते और वहीं रहते थे! अब वे पेन्शन लेकर गांव में आकर रहने लगे। उनके नाती श्रीमान् रजनीकान्त भी बी. ए. पास करके उनके साथ आए। मैं उन्हें 'संझले भइया' कहता। पहले मुझसे उनका विशेष परिचय नहीं था। वे इस तरफ बहुत कम आते थे और उनका मकान भी अलग था कभी आते भी, तो मेरी ओर ज्यादा ध्यान नहीं देते। कभी सामना हो जाता तो, 'क्यों रे, क्या करता है, क्या पढ़ता है' के सिवा और कुछ नहीं कहते।

अब की बार जो वे आए तो गांव में जमकर बैठे और मेरी ओर ज्यादा ध्यान देने लगे। दो-चार दिन बातचीत से ही उन्होंने मुझे ऐसा वश में कर लिया कि उन्हें देखते ही मुझे डर-सा हो जाता, मुंह सूख जाता, छाती धड़कने लगती, जैसे मैंने कोई भारी कसूर किया हो, और उसकी न जाने कितनी सजा मिलेगी! और इसमें तो कोई शक ही न था कि उन दिनों मुझसे अकसर कसूर हुआ करता। हर वक्त कुछ-न-कुछ शरारत मुझसे होती ही रहती। दो-चार करने के काम और दो-चार औठ-पाव किए बिना मुझे चैन कहां?

इतना डरने पर भी भइया को मैं चाहता खूब था। भाई को इतना मान सकता है, यह मुझे पहले नहीं मालूम था। वे भी मुझे खूब प्यार करते थे। उनके निकट भी मैं कितनी ही शरारतें, कितने ही कुसूर करता था, किन्तु वह कुछ कहते नहीं थे और कहते भी, तो मैं समझता कि बड़े भइया ठहरे, थोड़ी देर बाद भूल जाएंगे, उन्हें याद थोड़े ही रहता है।

अगर वह चाहते, तो शायद मुझे सुधार सकते; पर उन्होंने कुछ भी नहीं किया। उनके स्वदेश आ जाने से मैं पहले की तरह स्वाधीन तो न रहा, पर फिर भी जैसा हूं, मजे में हूं।

रोज बाबा का तमाखू चुराकर पी जाता। बूढ़े बाबा बेचारे कभी खाट के सिरहाने, कभी तकिये की खोली के भीतर, कभी कहीं, कभी कहीं तमाखू छिपा रखते, पर बन्दा ढूंढ़ ढ़ांढकर निकाल ही लेता और पी जाता। खाता-पीता मस्त रहता, मौज से कटती। कोई झंझट नहीं, पढ़ना-लिखना तो एक तरह से छोड़ ही दिया समझो। बाग में जाकर चिड़ियां मारता, गिलहरियां मारकर भून कर खाता, जंगल में जाकर गड्ढ़ों-गड्ढ़ों में खरगोश ढूंढता

फिरता, यही मेरा काम था—न किसी का कोई डर, न कोई फिकर।

पिताजी बक्सर में नौकरी करते। वहां से न मुझे वे देखने आते और मारने आते। बाबा और दादी का हाल मैं पहले ही कह चुका हूं। लिहाजा, एक वाक्य में यों कहना चाहिए कि 'मैं मजे में था।'

एक दिन दोपहर को घर आकर दादी के मुंह से सुना कि मुझे संझले भइया के साथ कलकत्ता में रहकर पढ़ना-लिखना पड़ेगा। आराम से भरपेट खा-पीकर हुक्का भरकर मैं बाबा के पास पहुंचा और बोला—"बाबा, मुझे कलकत्ता जाना पड़ेगा?"

बाबा ने कहा—"हां।"

मैंने पहले ही सोच रखा था कि यह सब बाबा की चालाकी है। इसलिए कहा, "यदि जाऊंगा तो आज ही जाऊंगा।"

बाबा ने हंसते हुए कहा—"इसके लिए चिन्ता क्यों करते हो, बेटा! रजनी आज ही कलकत्ता जाएगा। मकान ठीक हो गया है, सो आज ही तो जाना होगा।"

मैं आगबबूला हो उठा। एक तो उस दिन बाबा का छिपाया हुआ तमाखू ढूंढ़ने पर भी नहीं मिला, जो एक चिलम मिली था वह मेरी एक फूंक के लिए भी नहीं था, उस पर यह चालाकी! परन्तु मैं ठगा गया था अपने आप कबूल करके, फिर पीछे कैसे हटूं? लिहाजा, उसी दिन मुझे कलकत्ता के लिए रवाना होना पड़ा। चलते वक्त बाबा के पैर छुए, और मैं मन-ही-मन बोला—भगवान करे, कल ही तुम्हारे कारज में घर लौट आऊं। उसके बाद फिर मुझे कौन कलकत्ता भेजता है, देख लूंगा।

कलकत्ता में मैं पहले ही-पहल आया। इतना बड़ा शहर मैंने पहले कभी नहीं देखा था। मैंने मन-ही-मन सोचा, अगर मैं गंगा की छाती पर तैरते हुए इस लकड़ी लोहे के पुल पर ऐसी भीड़ में या वहां, जहां झुण्ड-के-झुण्ड मस्तूल वाले बड़े-बड़े जहाज खड़े हैं, खो गया तो फिर कभी घर पहुंच सकूंगा, इसकी कोई उम्मीद ही नहीं। कलकत्ता मुझे जरा भी अच्छा नहीं लगा। इतनी दशहत में भला कोई चीज अच्छी लग सकती है? आगे कभी लगेगी, इसका भरोसा नहीं कर सका।

कहां गया हमारा वह नदी का किनारा, वे बांसों के भिड़े, बेल के

झाड़, मित्र परिवार बगीचे के कोने का वह अमरूद, कुछ भी तो नहीं है! यहां तो सिर्फ बड़े-बड़े ऊंचे मकान, गाड़ी-घोड़े, आदमियों का भीड़-भड़क्का, लम्बी-चौड़ी सड़कें ही दिखाई देती हैं, मकान के पीछे ऐसा एक बाग-बगीचा भी तो नहीं; जहां छिपकर एक चिलम तमाखू पी सकूं। मुझे रोना आ गया। आंसू पोंछकर मन-ही-मन कहने लगा—भगवान ने जीवन दिया है तो भोजन भी वे ही देंगे, जिसने दिया है तन को, वही देगा कफन को।

कलकत्ता आया हूं, स्कूल में भरती किया गया हूं, अच्छी तरह पढ़ता-लिखता हूं, लिहाजा आजकल मैं 'अच्छा लड़का' हो गया हूं। देश में जरूर मेरा नाम जाहिर हो गया था; उस बात को जाने दो।

भइया के आत्मीय मित्रों ने मिलकर एक 'मेस' बना लिया है जिसमें हम चार आदमी रहते हैं—भइया, मैं, रामबाबू और जगन्नाथ बाबू। रामबाबू और जगन्नाथ बाबू संझले भइया के मित्र हैं। इनके सिवाय एक नौकर और एक ब्राह्मण रसोइया भी है।

गदाधर रसोइया मुझसे तीन-चार वर्ष बड़ा था। ऐसा भला आदमी मैंने पहले कभी नहीं देखा। मुहल्ले के किसी लड़के से मेरी बातचीत नहीं हुई और न किसी से मेल-जोल ही हुआ। मगर गदाधर, बिल्कुल भिन्न प्रकृति का आदमी होने पर भी, मेरा अन्तरंग मित्र हो गया। मेरे साथ उसकी खूब घुटती, कितनी गप-शप उड़ती, इसका कोई ठिकाना नहीं। वह मेदनीपुर जिले के एक गांव का रहने वाला था। वहां की बातें और उसका बाल्य इतिहास आदि मुझे बड़ा अच्छा लगता था। उसके गांव की बातें मैंने इतनी बार सुनी हैं कि मुझे अगर उसके गांव में आंखों पर पट्टी बांधकर अकेला छोड़ दिया जाए, तो शायद मैं तमाम गांव में और उसके आसपास मजे में घूम-फिर सकता हूं। इतवार को मैं उसके साथ किले के मौदान में घूमने जाया करता। शाम को रसोईघर में बैठकर 'कोट-पीस' खेला करता। रोटी खाने के बाद चौका उठ जाने पर उसके छोटे हुक्के से दोनों मिलकर तमाखू भी पी लिया करते। सभी काम हम दोनों मिलकर एक साथ करते। मुहल्ले-पड़ोस में और किसी से मेरी जान-पहचान नहीं हुई। मेरा तो साथी-संगी, यार-दोस्त—गांव का भोला, मुन्नी, लल्लू, जो कुछ है, सब वही है। उसके मुंह से मैंने कभी—'छोटे मुंह बड़ी बात' नहीं सुनी। झूठ-मूठ ही सब उसका

निरादर करते। इससे मेरा जी जलने लगता; पर वह अपनी जबान से कभी किसी को जवाब न देता, जैसा वास्तव में वह दोषी ही हो।

सब को खिला-पिलाकर सबसे पीछे जब वह रसोईघर के एक कोने में छिपकर छोटी-सी पीतल की थाली में खाने बैठता, तो मैं हजार काम छोड़कर वहां पहुंच जाता। बेचारे की तकदीर ही ऐसी थी कि पीछे से उसके लिए कुछ बचता न था; और तो क्या, भात तक कम पड़ जाता। और किसी के खाने के समय मैं कभी उपस्थित नहीं रहा; परन्तु ऐसा तो मैंने कभी नहीं देखा कि मुझे खाते वक्त रोटी, दाल, भात, घी, तरकारी, कम पड़ी हो। इससे मुझे बड़ा बुरा मालूम होता था।

छोटेपन में मैंने दादी के मुंह से सुना है, वे मेरे लिए कहा करती थीं, 'लड़का आधा पेट खा-खा कर सूख के कांटा हो गया है, कैसे बचेगा?' मगर मैं दादी कथित 'भर-पेट' कभी नहीं खा सकता था। सूख जाऊं चाहे कांटा हो जाऊं, मुझे 'आधा पेट' खाना ही अच्छा लगता था। अब कलकत्ता आने के बाद समझा कि उस आधे पेट और इस आधे पेट में कितना अन्तर है! इस बात का मुझे कभी अनुभव नहीं हुआ कि किसी को भरपेट खाना न मिले, तो आंखों में आंसू आ जाते हैं! पहले मैंने न जाने कितने बार बाबा की थाली में पानी डालकर उन्हें खाने नहीं दिया है, दादी के ऊपर कुत्ते के बच्चे को छोड़कर उन्हें नहाने-धोने के लिए बाध्य किया है। फिर उनका खाना नहीं हुआ मगर, उनकी आंखों में आंसू कभी नहीं आए। दादी, बाबा, अपने घर के लोग, मेरे पूज्य, जो मुझे खूब प्यार करते थे, उनके लिए मुझे कभी दुःख नहीं हुआ; बल्कि जान-बूझकर उन्हें अधभूखा और बिलकुल भूखा रखकर मुझे परम सन्तोष हुआ है। और इस गदाधर को देखो—न कुनबे का, न गोत का, इसके लिए मेरी आंखों में बिना बुलाए पानी आ जाता है।

कलकत्ता आकर मुझे यह हो क्या गया, मेरी कुछ समझ में नहीं आता। आखिर आंखों में इतना पानी आता कहां से है, कुछ पता नहीं। मुझे किसी ने रोते कभी नहीं देखा। किसी बात पर जिद पकड़ जाने पर पाठशाला के पंडितजी ने मेरी पीठ पर साबुत-का-साबुत खजूर की छड़ियां तोड़ दी हैं; फिर भी वे मुझे कभी रूला नहीं सके। लड़के कहते, 'सुकुमार की देह पत्थर

की है', मैं मन-ही-मन कहता, 'देह नहीं, बल्कि मन पत्थर का है।' मैं नन्हें बच्चे की तरह रोने नहीं लगता। दरअसल रोने में मुझे बड़ी शरम मालूम होती थी, अब भी होती है; पर अब सम्हाले सम्हलता नहीं। छिपकर, जहां कोई देख न सके, रो लिया करता हूं। जरा रोकर चटपट आंखें पोंछ-पोंछकर सम्हल जाता हूं। जब स्कूल जाता हूं तो रास्ते में सैकड़ों भिखारी भीख मांगते नजर आते हैं। किसी के हाथ नहीं है, किसी के पैर नहीं है, कोई अंधा है–इस तरह न जाने कितने तरह के दुखी देखता हूं। मैं तो तिलक लगाकर खंजरी बजाकर जो 'जय राधे' कहकर भीख मांगते हैं, उन्हें ही जानता था। फिर ये सब भिखारी किस तरह के हैं, मैं भीतर-ही-भीतर बहुत ही दुःखित होकर कहता, 'भगवान्, इन्हें मेरे गांव में भेज दो।'

खैर, अभागे भिखारियों की बात जाने दो, अब मैं अपनी बात कहता हूं। देखते-देखते आंखें इसकी आदी हो गईं; पर मैं 'विद्यासागर' न बन सका। बीच-बीच में हमारे देश की माता सरस्वती न जाने कहां से आकर मेरे सिर पर सवार हो जातीं, मैं नहीं कह सकता। उनकी आज्ञा से कभी-कभी मैं ऐसा सत्कर्म कर डालता था कि अब भी मुझे उन सरस्वतीजी से नफरत हो जाया करती है। डेरे पर किसका कौन-सा अनिष्ट किया जा सकता है, रात-दिन मैं इसी फिकर में रहता। एक दिन की बात है, रामबाबू ने घण्टे-भर मेहनत करके अपनी धोती चुनकर रखी; शाम को घूमने जायेंगे, तब पहनकर जायेंगे। मैंने मौका पाकर उसे खोलकर सीधा करके रख दिया। शाम को आकर धोती की हालत देखते ही बेचारे तकदीर ठोककर बैठ गए। मेरी खुशी का क्या ठिकाना? फूला नहीं समाया। जगन्नाथ बाबू का ऑफिस जाने का समय हो गया है, जल्दी-जल्दी खा-पीकर किसी तरह आफिस तक पहुंचना चाहते हैं। मैंने ठीक मौके से उनकी अचकन के बटन काटकर फेंक दिये। स्कूल जाने से पहले जरा झांककर देख गया, बेचारे चिल्लाकर रोने की तैयारी कर रहे हैं। मैं खुशी के मारे रास्ते-भर हंसता रहा। शाम को आफिस से लौटकर बोले, 'मेरे बटन कमबख्त गदाधर ने चुराकर बेच डाले हैं, निकाल दो नालायक को।' जगन्नाथ बाबू के बटनहरण के मामले पर भाइया और रामबाबू भी भीतर ही भीतर खूब हंसने लगे। भइया ने कहा, 'कितने तरह के चोर होते हैं, कोई ठीक है, पर बटन तोड़कर बेच खाने वाला चोर तो

आज ही सुना!' जगन्नाथ बाबू भइया की इस चुटकी से और भी आगबबूला हो गए। बोले, 'नालायक ने सबेरे नहीं लिये, शाम को नहीं लिये, रात को नहीं लिये, ठीक ऑफिस जाते वक्त, बदमाशी तो देखो? दुर्गति ही हद कर दी।' उन्हें एक काला फटा कुरता पहनकर ऑफिस जाना पड़ा।

सब हंस पड़े, जगन्नाथ बाबू को भी हंसना पड़ा। पर मैं नहीं हंस सका। मुझे डर हो गया, कहीं गदाधर को सचमुच ही न निकाल दें। वह बेचारा बिलकुल बेवकूफ है, शायद कुछ कहेगा भी नहीं, चुपचाप सारा कसूर अपने ऊपर ले लेगा। अब?

भइया शायद समझ गए कि किसने बटन लिये हैं। गरीब गदाधर पर कोई जुल्म नहीं किया गया। पर, मैंने भी उस दिन से प्रतिज्ञा कर ली कि अब ऐसा काम कभी न करूंगा जिससे मेरे बदले दूसरे पर कोई आफत आए।

ऐसी प्रतिज्ञा मैंने पहले कभी नहीं की; और कभी करता भी या नहीं, नहीं कह सकता। सिर्फ गदाधर के कारण ही मुझे अपने मार्ग से विचलित होना पड़ा। मुझे उस ने मिट्टी कर दिया।

इस बात को कोई नहीं कह सकता कि किस तरह किस का चरित्र सुधर जाता है। पंडितजी, बाबा, और भी कितने ही महाशयों के लाख कोशिश करने पर भी जिस बात की प्रतिज्ञा मैंने कभी नहीं की और न शायद करता, एक गदाधर महाराज का चेहरा देखकर उस बात की प्रतिज्ञा कर बैठा। उसके बाद इतने दिन बीत गए, इस बीच में कभी मेरी प्रतिज्ञा भंग हुई या नहीं, मैं नहीं कह सकता। मगर इतना जरूर है कि मैंने कभी जान-बूझकर कोई प्रतिज्ञा भंग नहीं की।

अब और एक आदमी की बात कहता हूं। वह था हम लोगों का नौकर रामा। रामा जाति का कायस्थ या ग्वाला, ऐसा की कुछ था। कहां का रहने वाला था, सो भी मैं नहीं कह सकता। उस जैसा फुरतीला और होशियार नौकर मेरे देखने में नहीं आया। अगर फिर कभी उससे भेंट हो गई, तो उसके गांव का पता जरूर पूछ लूंगा।

सभी कामों में रामा चरखें की तरह घूमता रहता, अभी देखा कि रामा कपड़े धो रहा है, परन्तु देखता हूं कि भइया नहाने बैठे हैं तो वह उनकी पीठ

को रगड़ रहा है। उसके बाद ही देखा तो पान लगाने में व्यस्त है। इस तरह, वह हर वक्त दौड़-धूप करता रहता। भइया का वह 'फेवरिट', बड़ा काम का, प्यारा नौकर था। पर मुझे वह देखे न सुहाता। उस नालायक के लिए अकसर मुझे भइया से खरी-खोटी सुननी पड़तीं। खासकर गदाधर को वह अकसर तंग क्या करता। मैं उससे बहुत चिढ़ गया था। मगर, इससे क्या होता, कि वह ठहरा भइया का 'फेवरेट'! राम बाबू भी उसे फूटी आंखों न देख सकते थे। वे उसे 'रूज' ('रंगा सियार') कहा करते थे। उस समय इस शब्द की व्याख्या वे खुद न कर सकते थे; मगर हम यह खूब समझते कि रामा दरअसल 'रूज' कहा करता था। भइया भी कभी-कभी उसे 'राम बाबू' कहकर पुकारा करते थे। मगर राम बाबू को यह सब अच्छा न लगता था। खैर, जाने दो इन व्यर्थ बातों को ।

एक दिन शाम को भइया एक नया लैम्प खरीद लाए। बढ़िया चीज थी, करीब पचास-साठ रुपये दाम होंगे। शाम को जब सब घूमने चले गए, तब मैंने गदाधर को बुलाकर उसे दिखाया। गदाधर ने ऐसी 'बत्ती' कभी नहीं देखी थी। वह बहुत ही खुश हुआ और दो-एक बार उसने उसे इधर-उधर करके देखा-भाला। इसके बाद वह अपने काम से चला गया। पर मेरी 'क्यूरियासिटी' (कुतूहल) शांत नहीं हुई।

मैं उसकी चिमनी खोलकर देखना चाहता था कि कैसे खुलती है। देखूं कि उसके भीतर कैसी मशीन है। बहुत खोलकर हिलाया-डुलाया, इधर-उधर किया, घूमाने-फिराने की कोशिश की; पर खोल न सका। बहुत 'आब्जवेंशन' के (देख-भाल ओर सोच, विचार) बाद मैंने देखा कि नीचे एक स्क्रू है, लिहाजा मैंने घुमाया। घुमा ही रहा था कि चट से उस का नीचे का हिस्सा अलग हो गया और जल्दी में मैं उसे थाम न सका। नतीजा यह हुआ कि उसका शीशा टेबिल से नीचे गिरकर चकनाचूर हो गया।

उस दिन बहुत रात बीते मैं लौटा। पर आकर देखा, वहां बड़ी हायतोबा मची हुई है। गदाधर को चारों तरफ से घेरकर सब लोग बैठे हैं। गदाधर से जिरह की जा रही है। भइया खूब बिगड़ रहे हैं।

गदाधर की आंखों से टप-टप आंसू गिर रहे थे। वह कह रहा था—बाबूजी, मैंने इसको जरा छुआ जरूर था, पर तोड़ा नहीं; सुकुमार बाबू

ने मुझे दिखाया, मैंने सिर्फ देखा, उसके बाद ये घूमने चले गए, मैं भी रसोई बनाने चला गया।

किसी ने उसकी बात पर विश्वास नहीं किया। प्रमाणित हो गया कि उसी ने चिमनी तोड़ी है। उसकी तनखा बाकी थी, उसमें से साढ़े तीन रुपया काटकर नई चिमनी मंगाई गई। शाम को जब बत्ती जलाई, तो सब बहुत खुश हुए; सिर्फ मेरी दोनों आंखों जलने लगीं। हर वक्त मन में यही खयाल आने लगा, मानो मैंने उसकी मां के साढ़े तीन रुपये चुरा लिये।

तब मुझसे वहां रहा नहीं गया। रो-बिलखकर किसी तरह भइया को राजी करके मैं गांव पहुंच गया। सोचा था, दादी से रुपये लाकर चुपके से साढ़े तीन की जगह सात रुपये गदाधर को दूंगा। मेरे पास उस वक्त रुपये बिलकुल न थे। सब रुपये भइया के पास थे। इसलिए रुपयों के लिए मुझे देश आना पड़ा। सोचा थ कि एक दिन से अधिक नहीं ठहरूंगा। मगर हुआ कुछ और ही। यद्यपि बाबा के कारज में अब भी बहुत दिन बाकी थे, फिर भी सात-आठ दिन वहां बीत ही गए।

सात-आठ दिन बाद फिर कलकत्ता पहुंचा। मकान में पैर रखते ही पुकारा, 'गदा!' किसी ने जवाब नहीं दिया। फिर बुलाया , 'गदाधर महाराज!' अब की बार भी जवाब नदारत! फिर कहा, 'गदा!' कि रामा ने आकर कहा–"छोटे बाबू अभी आ रहे हैं क्या?"

"हां हां, अभी चला ही आ रहा हूं। महाराज कहां हैं?"

"महाराज तो नहीं हैं।"

"कहां गया है?"

"बाबू ने उसे निकाल दिया।"

"निकाल दिया? क्यों?"

"चोरी की थी, इसलिए।"

पहले बात मेरी ठीक से समझ में नहीं आई, इसी से कुछ देर तक मैं रामा का मुंह देखता रहा। रामा मेरे मन का भाव ताड़ गया; जरा मुस्कराकर बोला, छोटे बाबू, आप ताज्जुब कर रहे हैं! मगर उसे आप लोग पहचानते न थे, इसी से इतना चाहते थे। वह छिपी हुई डाइन जैसा था बाबू, उस भीगी बिल्ली को मैं ही अच्छी तरह जानता था।"

किस तरह वह छिपी डाइन था और क्यों मैं उस भीगी बिल्ली को पहचान न सका, यह मेरी समझ में कुछ न आया। मैंने पूछा "किस के रुपये चुराये थे, उसने?"

"बड़े बाबू के।"

"कहां थे रुपये?"

"कोट की जेब में।"

"कितने रुपये थे।"

"चार रुपये।"

"देखा किसने था?"

"आंखों से तो किसी ने नहीं देखा, पर देखा ही समझिए।"

"क्यों?"

"इसमें पूछने की कौन-सी बात है? आप घर में थे नहीं, राम बाबू ने लिये नहीं, जगननाथ बाबू ले नहीं सकते, मैंने लिये नहीं; तो फिर गए कहां? लिये किसने?"

"अच्छा, तो तूने उसे पकड़ा है?"

रामा ने हंसते हुए कहा, "और नहीं तो कौन पकड़ता!"

ठनठनिया का जूता आप आसानी से खरीद सकते हैं। ऐसा मजबूत जूता शायद और कहीं नहीं बनता। उसी से मैंने उसकी खूब...

मैं रसोई में जाकर रो पड़ा। उसका वह छोटा-सा काला हुक्का एक कोने में पड़ा था, उस पर धूल जम गई थी। आज चार-पांच रोज से उसको किसी ने छुआ भी नहीं, किसी ने पानी तक नहीं बदला। दीवार पर एक जगह कोयले से लिखा हुआ है, 'सुकुमार बाबू, मैंने चोरी की है। अब मैं यहां से जाता हूं। अगर जिन्दा रहा, तो फिर कभी आऊंगा।'

मैं तब लड़का ही तो था। बिलकुल बच्चे की तरह उस हुक्के को छाती से लगाकर फूट-फूटकर रोने लगा। क्यों? इसकी वजह मुझे नहीं मालूम।

फिर मुझे उस मकान में अच्छा नहीं लगने लगा। शाम को घूम-फिर-कर एक बार रसोई में जाता और दूसरे रसोइया को खाना बनाते देख चुपचाप लौट आता। अपने कमरे में आकर किताब खोलकर पढ़ने बैठ जाता।

कभी-कभी मुझे भइया भी देखे नहीं सुहाते। रोटी तक मुझे कड़वी मालूम होने लगती।

बहुत दिनों बाद एक रोज मैंने भइया से कहा "बड़े भइया, क्या किया तुमने?"

"किसका क्या किया?"

"गदा ने तुम्हारे रुपये कभी नहीं चुराए। सभी जानते हैं, मैं गदाधर महाराज को बहुत चाहता था।"

भइया ने कहा "हां, काम तो अच्छा नहीं हुआ, सुकुमार। पर, अब तो जो होना था सो हो गया। लेकिन, रामा को तूने इतना मारा क्यों था?"

"अच्छे मारा था, क्या मुझे भी निकाल दोगे?"

भइया ने मेरे मुंह से कभी ऐसी बात नहीं सुनी। मैंने फिर पूछा "तुम्हारे कितने रुपये वसूल हो गए?"

भइया बड़े दुखित हुए, बोले–"काम ठीक नहीं हुआ। तनखा के ढाई रुपये हुए थे, सो सब काट लिये। मेरी इतनी इच्छा नहीं थी।"

मैं जब-तब सड़कों पर घूमा करता। दूर पर अगर किसी को मैली चादर ओढ़े और फटी चट्टी चटकाते हुए जाते देखता, तो फौरन दौड़ा-दौड़ा उसके पास पहुंच जाता; पर मेरे मन का अरमान पूरा न होता, मेरी आशा नित्य निराशा में परिणत होने लगी। मैं अपने मन की बात किससे कहूं?

करीब पांच महीने बाद भइया के नाम एक मनीआर्डर आया–डेढ़ रुपये का। भइया को मैंने उसी रोज आंसू पोंछते देखा। उसकी कूपन अभी तक मेरे पास मौजूद है।

कितने वर्ष बीत गए, कोई ठीक है! मगर आज भी गदाधर महाराज मेरे हृदय में आधी जगह घेरे बैठे हैं।

साहसी राजू

राजू अधिक पढ़ा-लिखा नहीं था, लेकिन लड़का काफी चलता पुर्जा था। इतनी कम उम्र में इतना चालाक लड़का आज तक मैंने नहीं देखा।

राजू के घर के पास ही गंगा नहीं बहती थी। उसके समीप ही एक विराट वृक्ष था। जगह निर्जन थी। बरगद का एक हिस्सा गंगा नदी की ओर झुक गया था। उस हिस्से की एक डाली पर टिन से घेरकर राजू ने अपने लिए एक कमरा बना रखा था। नित्य सवेरे उठकर अपने उस कमरे में जाकर घण्टों भगवान् की आराधना किया करता था। सभी उस घर को राजू के पूजा-गृह के नाम से जानते थे। लेकिन किसी में भी इतना साहस नहीं था कि उस घर में जाए। यद्यपि मेरे लिए मुमानियत नहीं थी। अकसर राजू मुझे अपने उस कमरे में ले जाता था। पेड़ की डाली पर चढ़कर वहां तक पहुंचना मजाक नहीं था।

एक दिन पूजा समाप्त कर राजू लौट रहा था। अचानक बंगाली टोला घाट के समीप आकर वह खड़ा हो गया। बात यह थी कि एक नौजवान लड़की घाट के किनारे नहा रही थी और पास ही एक उजड्ड गंवार आदमी तैरना सीखने के बहाने हाथ-पैर फटकारते हुए उस पर छींटे उड़ा रहा था। बेचारी लड़की संकोचवश कुछ कह नहीं पा रही थी। यह दृश्य देखकर राजू चटसे नदी में कूद पड़ा। इसके बाद कमर से धोती खोलकर फन्दा बनाया और उसके गले में फंसाकर एक झटका दे उसे डुबकी खिला दी। एक बार नहीं, इसी तरह लगातार कई बार डुबकी खिलाता रहा। इधर उस बेचारे की हालत खतरनाक हो गई, उधर राजू वन, टू, थ्री गिनता रहा। जब पूरी सौ डुबकियां लगवा लीं तब पूछा–"कहिये जनाब! फिर कभी!"

जिसे सांस लेना मुहाल हो उठा था, वह इस भयानक काण्ड से मुक्ति

पाने के बाद चटपट बोल उठा–"नहीं हुजूर–अब नहीं। माफ कीजिए।"

"तब भाग जाओ!" कहता हुआ वह ऊपर चला गया।

लगे हाथ एक दिन की घटना और सुन लो–उस दिन शाम के समय राजू टहलने के लिए घर से बाहर निकला था। रास्ते में बरारी स्टेट हाई स्कूल के हेड पण्डित से मुलाकात हो गई। उन्होंने देखते ही एक तरह से रोते हुए कहा–"बेटा, कई दिनों से मैं तुमको खोज रहा था।"

राजू ने घबराकर पूछा–"क्या बात है मास्टर साहब! आप रो क्यों रहे हैं?"

प्रत्युत्तर में अपनी पीठ दिखाते हुए पण्डित जी ने कहा–"यह देखो बेटा, न लड़ाई, न झगड़ा, पुलिस के साहब ने मुझे बुरी तरह पीटा। बात यह है कि उस दिन जमींदार के यहां पढ़ाने के लिए जा रहा था। रास्ते में पुलिस के साहब से मुलाकात हो गई। साहब को आते देख मैं जल्दी से एक किनारे हट गया। फिर भी साहब का मिजाज गरम हो गया। गाली देते हुए कहा–"रास्ते से हटकर नहीं चल सकते?" कहने के साथ ही उन्होंने बेंत मारे। इसके बाद घोड़ा हंकाते हुए चल गए।

राजू ने कहा–"अच्छा, मैं उनकी खबर लेता हूं। क्लब में विलियर्ड देखने गए होंगे, लौटते समय सजा मिल जाएगी। आप फिलहाल घर चले जाइए। मैंने क्या सजा दी है, कल आपको मालूम हो जाएगा।" पण्डित को दिलासा देकर राजू सीधा मेरे पास आया। उस समय उसकी आकृति क्रोध से लाल थी। मुझसे कहा–"शरत् तू मेरे साथ चल अभी।"

इस आह्वान को अस्वीकार कर सकूं, इतनी शक्ति मुझमें नहीं थी। फिर भी डरते-डरते मैंने कहा–"तू साहब को मारेगा राजू। उसके कमर में हमेशा पिस्तौल बंधी रहती है, हम लोग खाली हाथ रहेंगे-यह याद रखना।"

राजू ने कहा–"तू मेरे साथ चल, फिर देखना क्या करता हूं।"

इसके बाद प्रतिवाद नहीं कर सका, चुपचाप उसके साथ चल पड़ा। पहले हम आदमपुर घाट गए। आदमपुर घाट वहां का जहाज घाट था। हर समय वहां कई स्टीमर और नावें बंधी रहती थीं। अंधेरे में राजू चुपचाप एक बड़ी नाव पर चढ़ गया और फिर मल्लाह की नजर बचाकर रस्सी का एक

बंडल उठा लिया। मैं किनारे पर एक जगह छिपा खड़ा था। आकर उसने कहा—"अब चल!"

साहब का बंगला क्लब से लगभग एक मील की दूरी पर था। इतनी दूरी साहब को घोड़े पर चढ़कर पार करनी पड़ती थी। उसमें एक बुरी आदत यह थी कि वह कभी आहिस्ते से घोड़ा नहीं ले जाता था। जब देखो तब तेजी से घोड़ा हंकाता चलता था।

साहब के बंगले और क्लब के बीच एक स्थान पर आकर हम दोनों छिप गए। जब रात कुछ अधिक घनी हो गई और यह अनुमान हो गया कि अब साहब के लौटने का समय हो गया, तब जमीन के दो हाथ ऊपर उठाकर रस्सी को आमने-सामने के दो आम के पेड़ों में कसकर बांध दिया।

यह पहले ही कह चुका हूं कि रात घनी हो गई थी, इसलिए लोगों का आना-जाना बंद हो गया था। दो पेड़ों में रस्सी बांधकर हम पेड़ के ऊपर जा छिपे। कुछ देर इसी तरह बैठे रहने के बाद सहसा घोड़े की टाप सुनाई देने लगी। आवाज से ही भांप लिया कि साहब विलियर्ड क्लब से लौट रहे हैं। अपनी पुरानी आदत के मुताबिक वह तेज गति से घोड़े को दौड़ाता हुआ आ रहा था। ज्योंहि हमारे समीप आया, त्योंहि घोड़े के साथ सवार भी उलट गया। एक तो अचानक ठोकर पाकर गिरा, दूसरे काफी ऊपर से, तीसरे शराब में चूर रहने की वजह से कितनी बुरी तरह घायल हुआ—इसका अन्दाजा तुम स्वयं लगा सकते हो! हजरत अभी उठकर सम्हल भी नहीं पाये थे कि ऊपर से सिंह की तरह राजू उसके ऊपर उछलकर कूद पड़ा और लगा दनादन पीटने। मार के आगे नशा काफूर हो गया। राजू चुपचाप जितना जी में आया पीटता रहा। जब वह बिलकुल थक गया तब चुपचाप उसकी कमर से पिस्तौल निकालकर खड़ा हो गया।

इशारे से मुझसे कहा—"चल!"

जल्दी से हम दोनों तरफ से रस्सी खोलकर नौ-दो ग्यारह हो गए। आदमपुर घाट पर आकर रस्सी जहां की तहां रखकर पिस्तौल पानी में फेंक दी। फिर कहा—"अब घर चलो, उनकी खासी मरम्मत हो गई।"

अन्याय उससे जरा भी बरदाशत नहीं होता था। हमेशा इसके विरुद्ध

मरने-मिटने के लिए वह तैयार रहता था। अपने जीवन में इस तरह के व्यक्ति को कभी नहीं देखा। वही राजू एक दिन चुपचाप न जाने कहां चला गया। आज तक किसी को उसका पता नहीं चला। आज भी जब उसकी शक्ल आंखों के सामने नाच उठती है तब दिल मसोसकर रह जाता हूं। वह मेरा कितना महान् मित्र था—कह ही नहीं सकता! न जाने कितने देश-विदेश घूमा, कितने व्यक्तियों को देखा—लेकिन राजू की तरह कोई दिखाई नहीं दिया।

हरिलक्ष्मी

जिस बात को लेकर इस कहानी की उत्पत्ति हुई वह छोटी-सी है, फिर भी उस छोटी-सी बात से हरिलक्ष्मी के जीवन में जो कुछ हो गया, वह छोटा भी नहीं, तुच्छ भी नहीं। संसार में ऐसा ही हुआ करता है। बेलपुर के दो 'शरीक' (जमींदारी के समीदार), शांत नदी-किनारे जहाज के पास, छोटी डोंगी की तरह, परस्पर एक-दूसरे के पास निरुपद्रव बंधे थे। अकस्मात् न मालूम कहां से एक तूफान उठ खड़ा हुआ–जहाज का रस्सा कटा और लंगर टूटकर अलग हो गया, साथ ही एक क्षण में यह छोटी-सी डोंगी न जाने कैसे नेस्तनाूद हो गई, कुछ पता ही ढूंढे न मिला।

बेलपुर का ताल्लुका कोई बड़ा नहीं। उठते-उठते रैयतों को मार-पीटकर साल में बारह हजार से भी ज्यादा वसूली नहीं होती; इसलिए साढ़े पन्द्रह आने के हिस्सेदार शिवचरण के सामने दो पैसे के हिस्सेदार विपिनबिहारी की तुलना अगर जहाज के साथ छोटी डोंगी से की है, तो इसमें शायद कोई अतिशयोति न हुई होगी।

दूर का नाता होने पर भी हैं दोनों जाति-भाई, और छह-सात पीढ़ी पहले दोनों एक ही मकान में रहते थे; किन्तु आज एक का तिमंजिला मकान गांव के सिर पर खड़ा है और दूसरे का जीर्ण मटियाला घर दिन-पर-दिन जमीन पर बिछ जाने की तरफ बढ़ता चला जा रहा है।

फिर भी इसी तरह दिन कट रहे थे और बाकी के दिन भी विपिन के इसी तरह सुख-दुख में चुपचाप कट सकते थे, परन्तु जिस बादल के टुकड़े से असमय में तूफान उठ खड़ा हुआ और सब उलट-पुलट गया, वह इस प्रकार है–

साढ़े पन्द्रह आने के हिस्सेदार शिवचरण की पत्नी की सहसा मृत्यु हो

जाने पर उनके मित्रों ने कहा, "चालीस-इक्तालीस क्या कोई उमर में उमर है ! तुम दूसरा ब्याह करो।" शत्रुपक्ष के लोग सुनकर हंसने लगे। बोले, "चालीसी तो शिवचरण की चालीस वर्ष पहले ही पार हो चुकी है!" मतलब यह है कि दोनों में से कोई भी बात सच नहीं। असल बात यह थी कि बड़े बाबू का दिव्य गोरा हृष्टपुष्ट शरीर था, भरे हुए चेहरे पर लोभ का चिह्न मात्र न था। यथासमय दाढ़ी-मूंछें न पैदा होने से कुछ सहूलियत तो हो सकती है, पर अड़चनें भी काफी होती हैं! अमर का अन्दाजा लगाने के बारे में जो नीचे की तरफ नहीं जाना चाहते, ऊपर की ओर वे गिनती के किस कोठे में जाकर ठहरेंगे, इसकी उन्हें स्वयं ही कुछ थाह नहीं मिलती। खैर, कुछ भी हो, धनवान पुरुष का ब्याह किसी भी देश में उमर के पीछे नहीं रुकता, फिर बंगाल में तो रुकने ही क्यों लगा! करीब डेढ़ महीना तो शोक-ताप और 'नहीं-नहीं' करते-कराते बीत गया, उसके बाद शिवचरण हरिलक्ष्मी को ब्याह कर अपने घर ले आए। कारण, शत्रुपक्ष के लोग चाहे कुछ भी क्यों न कहते रहें, यह बात माननी ही पड़ेगी कि प्रजापति सचमुच ही उन पर अत्यन्त प्रसन्न थे। उन लोगों ने गुपचुप बातचीत की, "यह बात नहीं कि वर की तुलना में नववधू की उमर बिलकुल ही असंगत हो, मगर हां, दो-एक बाल बच्चे लेकर घर आती तो फिर कहने-सुनने की कोई बात ही नहीं रह जाती।" लेकिन इस बात को सभी ने स्वीकार किया कि वह सुन्दरी है। मतलब यह कि साधारणतः बड़ी उमर की लड़कियों से भी लक्ष्मी की उमर कुछ ज्यादा हो गई थी, शायद उन्नीस से कम न होगी। उसके पिता आधुनिक विचार के सुधारक आदमी हैं, उन्होंने बड़े जतन से लड़की को ज्यादा उमर तक शिक्षा देकर मैट्रिक पास कराया था। उनकी इच्छा तो कुछ और ही थी, सिर्फ व्यापार फेल हो जाने और आकस्मिक दरिद्रता आ जाने के कारण उन्हें ऐसे सुपुत्र को कन्या अर्पण करने के लिए लाचार होना पड़ा था।

लक्ष्मी शहर की लड़की ठहरी, पति को उसने दो चार दिन में ही पहचान लिया। उसके लिए मुश्किल यह हुई कि आत्मीय-स्वजन-मिश्रित अनेक परिजनों से घिरे हुए इस बड़े घर में वह जी खोलकर किसी से हिल-मिल न सकी। उधर शिवचरण के प्रेम का तो कोई अन्त ही न था।

सिर्फ वृद्ध की तरुणी-भार्या होने के कारण ही नहीं, उसे तो माने एकबारगी ही अमूल्य निधि मिल गई। घर के लोग नौक-चाकर और औरतें कुछ ठीक न कर सके कि कैसे उनकी मिजाजपुरसी करें; पर एक बात वह अकसर सुना करती थी, अब मंझली बहू के मुंह पर कालिख लग गई। रूप में, गुण में, विद्या-बुद्धि में—हर बात में अब उसका गर्व चूर हो गया।

मगर इतना करने पर भी कुछ न हो सका, दो महीने के अन्दर लक्ष्मी बीमार पड़ गई। इस बीमारी की हालत में ही एक दिन मंझली बहू के साथ उसकी भेंट हुई। मंझली बहू से मतलब है—विपिन की स्त्री से । बड़े घर की नई बहू के बुखार की खबर सुनकर वह देखने आई थी। उमर में वह शायद दो-तीन साल बड़ी होगी। इस बात को मन-ही-मन लक्ष्मी ने भी स्वीकार किया कि वह सुन्दरी है, परन्तु इस उमर में भी उसके सारे शरीर पर दरिद्रता की भीषण मार के चिह्न स्पष्ट दिखाई दे रहे थे। साथ में छह-सात साल का एक लड़का था, वह दुबला-पतला। लक्ष्मी आदर के साथ अपने बिछौने पर एक तरफ बैठने के लिए स्थान नियत कर कुछ देर तक चुपचाप उसकी ओर देखती रही। हाथ में दो-दो चूड़ियों के सिवा सारे अंग पर कोई और गहना नहीं। पहनावे में अधमैली लाल किनारी की धोती है, शायद वह उसके पति की होगी। गांव की प्रथा के अनुसार लड़का दिगम्बर नहीं था, उसकी भी कमर में एक रंगी हुई छोटी धोती थी।

लक्ष्मी ने मंझली बहू का हाथ धीरे से अपनी तरफ खींचते हुए कहा, "सौभाग्य से बुखार आ गया, तभी तो आपसे मुलाकात हो सकी। मगर रिश्ते में जेठानी होती हूं, मंझली बहू। सुना है कि मंझले देवर जी इनसे बहुत छोटे हैं।"

मंझली बहू ने सहास्य मुंह से कहा, "रिश्ते में छोटी होने पर क्या 'आप' कहा जाता है?"

लक्ष्मी ने कहा, "बस, पहले दिन जो कहा, सो कह दिया; नहीं तो 'आप' कहने वाली मैं नहीं हूं। मगर तुम भी मुझे 'जीजी' नहीं कह सकतीं, यह मुझसे बरदाशत न होगा। मेरा नाम लक्ष्मी है।"

मंझली बहू ने कहा, "नाम बताने की जरूरत नहीं, जीजी, आपको देखते ही मालूम हो जाता है। और मेरा नाम न मालूम किसने मजाक में रख

दिया था कमला।" कहकर वह कुतूहल के साथ जरा हंस दी।

हरिलक्ष्मी के जी में आया कि वह भी प्रतिवादस्वरूप कहे कि तुम्हारी तरफ देखने से ही तुम्हारा नाम मालूम हो जाता है; परन्तु वह इस डर से कह न सकी कि ऐसा कहना नकल की तरह सुनाई देगा। बोली, "हम दोनों के एक ही माने हैं। लेकिन मंझली बहू, मैं तुमसे 'तुम' कह सकी, पर तुमसे तो 'तुम' कहते नहीं बना?"

मंझली बहू ने हसंते हुए जवाब दिया, "चट से निकलता नहीं मुंह से, जीजी। एक उमर के सिवाय आप सभी बातों में मुझसे बड़ी हैं। अभी दो-चार दिन जाने दो, जरूरत पड़ने पर बदलने में कितनी देर लगती है?"

हरिलक्ष्मी के मुंह पर सहसा इसका प्रत्युत्तर तो नहीं आया, पर वह मन-ही-मन मन समझ गई कि यह औरत पहले दिन के परिचय को अधिक घनिष्ठ नहीं करना चाहती। मगर उसके कुछ कहने के पहले ही मंझली बहू उठने की तैयारी करके बोली, "तो अब उठती हूं जीजी, कल फिर..."

हरिलक्ष्मी आश्चर्यान्वित होकर बोली, "अभी से चली जाओगी कैसे, जरा बैठो।"

मंझली बहू ने कहा, "आप हुक्म करेंगी तो बैठना पड़ेगा; पर आज जाने दीजिए, जीजी, उनके आने का समय हो गया है।" इतना कहकर वह उठकर खड़ी हो गई और लड़के का हाथ पकड़कर जाने के पहले हंसती हुई बोली, "चलती हूं, जीजी। कल जरा सिदौसी चली आऊंगी, क्यों?" यह कहकर वह धीरे से बाहर निकल गई।

विपिन की स्त्री के चले जाने पर हरिलक्ष्मी उसी तरफ देखती हुई चुपचाप पड़ी। रही। अब बुखार नहीं था, उसकी ग्लानि बनी हुई थी। फिर भी कुछ देर के लिए वह सब कुछ भूल गई। अब तक गांव-भर की इतनी बहू-बेटियां आई हैं, जिनका शुमार नहीं, परन्तु बगल वाले गरीब घर की इस बहू के साथ उनकी कोई तुलना ही नहीं हो सकती। वे अपने आप आईं और उठना ही नहीं चाहती थीं। और बैठने के लिए कहा गया तो फिर कहना ही क्या! उनमें कितनी प्रगल्भता थी, कितनी वाचालता थी, मनोरंजन करने के लिए कितना लज्जाजनक प्रयास था उनका। बोझ से दबा हुआ उसका मन बीच-बीच में विद्रोही हो उठा, परन्तु उन्हीं में से अकस्मात् यह कौन आकर,

उसकी गोरशैया के पास कुछ क्षणों के लिए, अपना ऐसा परिचय दे गई? उसके मायके की बात पूछने का समय नहीं मिला, परन्तु बिना पूछे ही लक्ष्मी न जाने कैसे समझ गई कि उसकी तरह वह कलकत्ता की लड़की हरगिज नहीं। इसके लिए विपिन की स्त्री की प्रसिद्धि है कि गांव की रहने वाली होने पर भी पढ़ी-लिखी है। लक्ष्मी ने सोचा, मुमकिन है कि मंझली बहू स्वर के साथ रामायण-महाभारत पढ़ सकती हो, पर इससे ज्यादा और कुछ नहीं। जिस पिता ने विपिन जैसे दीन-दुःखी के हाथ अपनी लड़की सौपीं है, उसने घर पर कोई मास्टर रखकर और स्कूल में पढ़ाकर पास कराके कन्यादान नहीं किया होगा। उज्ज्वल श्याम वर्ण है, पर गोरा नहीं कहा जा सकता। रूप की बात छोड़ दो, शिक्षा, संस्कार-अवस्था, किसी भी बात में तो विपिन की स्त्री उसके सामने टिक नहीं सकती। परन्तु एक बात में लक्ष्मी ने अपने को मानो उससे छोटा समझा। वह था उसका कण्ठस्वर! मानो वह संगीत हो और बात करने का ढंग तो मानो बिलकुल मधु से भरा हुआ था। जरा भी जड़ता नहीं, इतनी सहज-सरल बातचीत थी उसकी। बातें मानो वह अपने घर से कण्ठस्थ कर लाई हो। परन्तु सबसे ज्यादा जिस चीज ने उसे बांध डाला, वह थी उसकी दूरी। इस बात को कि वह गरीब घर की बहू है, मुंह से न कहने पर भी इस ढंग से प्रकट करके गई कि मानो यही उसके लिए स्वाभाविक है, मानो इसके सिवाय और कुछ उसे शोभा नहीं देता।

यह बताने के सिवा और किसी उद्‌देश्य का उसमें लेशमात्र भी नहीं था कि वह गरीब है, पर कंगाल नहीं। एक भले घर की बहू दूसरे घर की एक बीमार बहू को देखने आई है। शाम को जब पति देखने आए, तब हरिलक्ष्मी ने और-और बातचीत होने के बाद कहा, "उस घर की मंझली बहू से आज भेंट हुई थी।"

शिवचरण ने कहा, "किससे? विपिन की बहू से?"

हरिलक्ष्मी ने कहा, "हां, मेरे भाग्य अच्छे थे जो इतने दिनों के बाद खुद ही मुझे देखने आई थी। पर पांचेक मिनट से ज्यादा ठहरी नहीं; काम था, इसलिए चली गई।"

शिवचरण ने कहा, "काम! अरे, उन लोगों के घर कोई नौकर-नौकरानी थोड़े ही हैं। बासन मांजने से लगाकर बटलोई चढ़ाने तक सभी काम अपने

हाथ से करने पड़ते हैं। भला तुम्हारी तरह पड़े-पड़े, बैठे-बैठे आराम कर ले तो कोई! एक गिलास पानी तक तो तुम्हें अपने हाथ से भरकर पीना नहीं पड़ता।”

अपने सम्बन्ध में ऐसा मन्तव्य हरिलक्ष्मी को बहुत ही बुरा मालूम हुआ, पर यह समझकर वह गुस्सा नहीं हुई कि बात तो उसकी बड़ाई करने के लिए ही कही गई थी, अपमान करने के लिए नहीं। बोली, “सुना है कि मंझली बहू को बड़ा घमंड है, अपना घर छोड़कर कहीं आती-जाती नहीं?”

शिवचरण ने कहा, “जाएगी कैसे? हाथों में दो-दो चूड़ियों के सिवा खाक-पत्थर कुछ पास में है भी, मारे शरम के मुंह नहीं दिखा सकती।”

हरिलक्ष्मी ने जरा हंसकर कहा, “इसमें शरम काहे की? दुनिया के लोग क्या उसकी देह पर जड़ाऊ गहने के लिए व्याकुल हो रहे हैं, जो न देखेंगे तो छिः-छिः करते डोलेंगे?”

शिवचरण ने कहा, “जडाऊ गहने? मैंने तुम्हें दिए हैं, किसी साले के बेटे ने वैसे आंखों से देखे भी हैं? अपनी स्त्री को आज तक दो चूड़ियों के सिवाय और कुछ बनवाकर न दे सका! हुंः-हुंः, बाबू, रुपये का जोर बड़ा जोर है! जूता मारूंगा और....

हरिलक्ष्मी क्षुण्ण और अत्यन्त लज्जित होकर बोली, “छिः-छिः, ऐसी बात क्यों कर रहे हो?”

शिवचरण ने कहा, “नहीं-नहीं, हमारे पास दबी-छिपी बात नहीं, जो कुछ कहूंगा सो साफ-साफ कह दूंगा।”

हरिलक्ष्मी चुपचाप आंखें मीचे पड़ी रही। कहने को और था ही क्या? ये लोग कमजोरों के विरुद्ध अयन्त असभ्य बात कठोर और कर्कश स्वर में कहने को ही स्पष्टवादिता समझते हैं। शिवचरण शांत न रहा; “ब्याह में जो पांच-सौ रुपये उधार लिये थे, उसके ब्याज-असल मिलाकर सात सौ हो गए, उसका भी कुछ खयाल है? गरीब है, एक किनारे से पड़ा है, पड़ा रहे। अरे, मैं चाहूं तो कान पकड़कर निकाल बाहर कर सकता हूं। जो दासी के लायक नहीं, वह मेरी स्त्री के सामने घमण्ड दिखलाती है!”

हरिलक्ष्मी करवट बदलकर सो रही। एक तो बीमार, उस पर विरक्ति

और लज्जा से सारे शरीर में भीतर से मानो कंपकंपी आने लगी।

दूसरे दिन दोहपर को घर में मृदु शब्द सुनकर हरिलक्ष्मी ने आंख खोलकर देखा तो विपिन की स्त्री चुपके से बाहर जा रही है। उसने बुलाकर कहा, "मझली बहू, चली जा रही हो जो?"

मंझली बहू ने शरमाते हुए लौटकर कहा, "मैंने सोचा कि आप सो रही हैं। आज कैसी तबीयत है, जीजी?"

हरिलक्ष्मी ने कहा, "आज बहुत अच्छी हूं। कहां, तुम अपने लल्ला को तो नहीं लाईं?"

संझली बहू ने कहा, "आज वह अचानक सो गया, जीजी।"

"अचानक सो गया, इसका मतलब?"

"आदत खराब हो जायेगी, इसलिए दिन में मैं उसे सोने नहीं देती, जीजी।"

हरिलक्ष्मी ने पूछा, "घाम में ऊधम करता नहीं फिरता?"

मंझली बहू ने कहा, "करता क्यों नहीं फिरता? मगर दोपहर को सोने की अपेक्षा वह कहीं अच्छा।"

"तुम खुद शायद नहीं सोतीं?"

मंझली बहू ने हसंते हुए सिर हिलाकर कहा, "नहीं।"

हरिलक्ष्मी ने सोचा था, स्त्रियों के स्वभाव के अनुसार अब की बार शायद वह अपने अवकाश की लंबी सूची सुनाने बैठ जाएगी, मगर उसने ऐसी कोई बात नहीं की। इसके बाद और-और बातें होने लगीं।

बात-बात में हरिलक्ष्मी ने अपने मायके की बात, भाई-बहन की बात, मास्टर साहब की बात, स्कूल की बात, यहां तक कि अपने मैट्रिक पास करने की भी बात कह डाली। बहुत देर बाद जब उसे होश आया, तब उसने स्पष्ट देखा कि मंझली बहू श्रोता के लिहाज से चाहे जितनी अच्छी क्यों न हो, वक्ता के लिहाज से वह कुछ भी नहीं। अपनी बात प्रायः कुछ कही ही नहीं। पहले तो लक्ष्मी को शरम मालूम हुई, पर उसी वक्त उसे मालूम हुआ कि गपशप करने लायक उसके पास है ही क्या! मगर कल जैसे इस बहू के विरुद्ध उसका मन अप्रसन्न हो उठा था, आज वैसे ही उसे भारी तृप्ति-सी मालूम हुई।

दीवार पर टंगी हुई कीमती घड़ी में नाना प्रकार के बाजों के साथ तीन बजे। मंझली बहू उठ खड़ी हुई और विनय के साथ बोली, "जीजी, अब चलती हूं।"

लक्ष्मी ने कुतूहल के साथ कहा, "बहिन, तुम्हारी क्या तीन बजे तक ही छुट्टी रहती है? लालाजी क्या घड़ी देखकर ठीक टाइम से घर आते हैं?"

मंझली बहू ने कहा, "आज वे घर पर ही हैं।"

"फिर आज जल्दी काहे की, और थोड़ा बैठों न !"

मंझली बहू बैठी नहीं, लेकिन जाने के लिए पैर भी नहीं बढ़ा सकी।

आहिस्ता से बोली, "जीजी, आपने कितनी शिक्षा पाई है, कितना पढ़ा-लिखा है, और मैं ठहरी गंवई-गांव की।"

"तुम्हारा मायका क्या गांव में है?"

"हां, जीजी, बिलकुल देहात में। बिना समझे कल क्या कहते क्या कह दिया हो...पर असम्मान करने के लिए नहीं, आप मुझे जैसी भी कसम खाने को कहेंगी, जीजी..."

हरिलक्ष्मी दंग रह गई, बोली, "ऐसा क्यों कहती हो, मंझली बहू, तुमने तो कल ऐसी कोई भी बात नहीं कही।"

मंझली बहू ने उस के जवाब में फिर कोई बात नहीं कही। परन्तु 'चल दी' कहकर जब वह फिर से विदा लेकर धीरे-धीरे जाने लगी, तब उसका कण्ठ-स्वर अकस्मात् कुछ और ही तरह का सुनाई दिया।

रात को शिवचरण जब घर आए, तब हरिलक्ष्मी चुपचाप लेटी हुई थी। शरीर अपेक्षाकृत स्वस्थ, मन भी शांत और प्रसन्न था।

शिवचरण ने पूछा, "कैसी तबीयत है, बड़ी बहू?"

लक्ष्मी उठ बैठी, बोली, "अच्छी है।"

शिवचरण ने कहा, "सवेरे की बात मालूम हुई? बच्चू को बुलाकर सबके सामने ऐसा झाड़ दिया है कि जनम-भर न भूलेगा। मैं बेलपुर का शिवचरण चौधरी हूं, हां!"

हरिलक्ष्मी डर गई, बोली, "किसे, जी?"

शिवचरण ने कहा, "विपिन को बुलाकर कह दिया, तुम्हारी स्त्री मेरी स्त्री के पास आकर शान दिखाकर उसका अपमान कर गई, इतनी हिमाकत

उसकी! पाजी, नालायक, ओछे घर की लड़की कहीं की! उसके बाल कटवाकर मुंह काला कर गधे पर चढ़ाकर गांव से निकाल बाहर कर सकता हूं, जानता है।"

हरिलक्ष्मी का रोग-क्लिष्ट चेहरा एकबारगी सफेद फक पड़ गया; वह बोली, "तुम कहते क्या हो, जी?"

शिवचरण अपनी छाती ठोंककर गर्व के साथ कहने लगा, "इस गांव में जज समझो, मजिस्ट्रेट समझो और दारोगा या पुलिस समझो, सब कुछ यही बन्दा है! यही बन्दा! मारने की लकड़ी, जिलाने की-सब मेरी मुट्ठी में है। तुम कहो तो कल ही अगर विपिन की बहू आकर पैर न दबाए, तो मैं लाटू चौधरी की पैदाइश ही नहीं। मैं..."

इस तरह विपिन की बहू को सबके सामने अपमानित और लांछित करने के वर्णन और व्याख्यान में लाटू चौधरी के पुत्र ने अपशब्द और कुशब्दों के व्यय में कोई कसर नहीं रखी। और उसके सामने स्तब्ध निर्निमेष दृष्टि से देखती हुई हरिलक्ष्मी का मन कहने लगा, "धरती माता, फट पड़ो!"

दूसरी बार की तरुणी भार्या के शरीर की रक्षा के लिए शिवचरण सिर्फ एक अपनी देह के सिवा और सब कुछ दे सकता था। हरिलक्ष्मी वह देह बेलापुर में न सम्भाल सकी। डॉक्टरों ने यह सलाह दी कि हवा-पानी बदलना चाहिए। शिवचरण ने अपने साढ़े पन्द्रह आने की हैसियत के अनुसार बड़े ठाट-बाट से हवा बदलने जाने की तैयारियां शुरू कर दीं। यात्रा के शुभ मुहूर्त के दिन गांव के लोग टूट पड़े, सिर्फ आया नहीं तो एक विपिन और उसकी स्त्री। बाहर शिवचरण न कहने लायक बातें कहने लगा और भीतर बड़ी बुआ ने उग्र रूप धारण कर लिया। बाहर भी 'स्थायी' में स्वर मिलाने वालों की कमी न रही और भीतर भी उसी तरह बुआ के चीत्कार को बढ़ाने वाली स्त्रियां काफी जुट गईं। सिर्फ कुछ नहीं बोली तो एक हरिलक्ष्मी। मंझली बहू के प्रति उसके क्षोभ और अभिमान की यात्रा किसी से भी कम न थी! वह मन-ही-मन कहने लगी—मेरे बर्बर पति ने कितना भी अन्याय क्यों न किया हो, मैंने खुद तो कुछ नहीं कहा! परन्तु घर की और बाहर की औरतें जो कुछ आज चिल्ला रही थीं, उनके साथ किसी तरह स्वर में स्वर मिलाने में उसे घृणा मालूम होने लगी। जाते समय पालकी का दरवाजा हटा

कर लक्ष्मी ने उत्सुक दृष्टि से विपिन के टूटे-फूटे घर की खिड़की की ओर देखा, परन्तु किसी की छाया तक उसे दिखाई नहीं दी।

काशी में मकान ठीक कर लिया गया था। वहां की आब-हवा के गुण से लक्ष्मी के नष्ट स्वास्थ्य की पुनः प्राप्ति में देर न हुई। चार महीने बाद जब वह लौटकर घर आई, तब उसके शरीर की कान्ति देखकर स्त्रियों की गुप्त ईर्ष्या का ठिकाना न रहा।

हेमन्त ऋतु आ रही है। दोपहर को मंझली बहू बैठी अपने चिररुग्ण पति के लिए एक ऊनी गुलूबन्द बुन रही थी, पास ही लड़का बैठा खेल रहा था। वह देखकर चिल्ला उठा, "मां, ताई जी!"

मां ने हाथ काम जहां का तहां छोड़कर चटपट उठकर नमस्कार किया और बैठने के लिए असान बिछा दिया। फिर खिले हुए चेहरे से कहा, "तबीयत ठीक हो गई, जीजी?"

लक्ष्मी ने कहा, "हां, हो गई। मगर ठीक नहीं भी तो हो सकती थी। ऐसा भी तो हो सकता था कि फिर लौटकर ही न आती, फिर भी जाते समय तुमने जरा भी खोज-खबर नहीं ली; रासते-भर तुम्हारी खिड़की की तरफ देखती हुई गई, जरा एक बार छाया तक न दिखाई दी। मरीज बहन चली जा रही है, जरा मोह भी न हुआ, मंझली बहू! ऐसी पत्थर की बनी हो तुम!"

मझंली बहू की आंखें डबडबा आईं, पर मुंह से कोई उत्तर न निकला।

लक्ष्मी ने कहा, "मुझमे और चाहे जो कुछ भी दोष हो, मंझली बहू, मेरा मन तुम्हारी तरह कठोर नहीं है। भगवान् न करें, मगर ऐसे मौके पर मैं तुम्हें बिना देखे न रह सकती थी।"

मंझली बहू ने इस आरोप का भी कुछ जवाब नहीं दिया, वह चुपचाप खड़ा रही।

लक्ष्मी इसके पहले यहां और कभी नहीं आई, पहले-पहल आज ही उसने इस घर पर पैर रखा था। वह इधर-उधर फिरकर सब कोठरियां देखने लगी। सौ साल का पुराना टूटा-फूटा मकान है, उसमें सिर्फ तीन काठिरियां किसी कदर रहने लायक हैं। दरिद्रता का आवास है। असबाब तो नहीं के बराबर है, दीवारों का चूना झरता जा रहा है, मरम्मत कराने की ताकत नहीं; फिर भी अनावश्यक गन्दापन कहीं जरा देखने को भी नहीं। छोटे-छोटे

बिछौने हैं, पर साफ-सुथरे। दो-चार देवी-देवताओं के चित्र टंगे हैं, और हैं समझली बहू के अपने हाथ की शिल्पकला के कुछ नमूने। ज्यादातर ऊन और सूत के काम की चीजें हैं। उनमें न तो कोई नौसिखुए के हाथ का लाल चोंचवाला तोता ही है और न पंचरंगी बिल्ली की सूरत। कीमती फ्रेम में जड़े हुए लाल, नीले, बैंगनी, सफेद आदि रंगों के ऊन से बुने हुए 'वेलकम', 'स्वागतम्' या गलत उच्चारण के गीता के श्लोक भी नहीं। लक्ष्मी ने आश्चर्य के साथ पूछा, "यह किसकी तस्वीर है, मंझली बहू? पहचाना हुआ-सा चेहरा मालूम होता है?"

मंझली बहू ने शरमाते हुए हंसकर कहा, "तिलक महाराज की तस्वीर देख-देखकर बुनने की कोशिश की थी, जीजी, पर कुछ बनी नहीं।" यह कहते हुए उसने अंगली उठाकर सामने की दीवार पर टंगे हुए भारत के कौस्तुभ लोकमान्य बालगंगाधर तिलक का चित्र दिखा दिया।

लक्ष्मी बहुत देर तक उस तरफ देखती रही, फिर आहिस्ता से बोली, "पहचान नहीं सकी, यह मेरा ही कसूर है, मंझली बहू तुम्हारा नहीं। मुझे सिखा दोगी, बहन? यह विद्या अगर सीख सकी तो तुम्हें गुरु मानने में हमें कोई ऐतराज न होगा।"

मंझली बहू हसंने लगी। उस दिन तीन-चार घंटे बाद लक्ष्मी जब लौटी तब यह बात तय कर गई कि वह शिल्पकला सीखने के लिए कल से रोज आया करेगी।

आने भी लगी, परन्तु दस-पन्द्रह दिन में वह साफ समझ गईं कि वह विद्या सिर्फ कठिन ही नहीं, बल्कि सीखने में भी काफी लम्बा समय लेगी। एक दिन लक्ष्मी ने कहा, "मंझली बहू, तुम मुझे खूब ध्यान से नहीं सिखाती हो।"

मंझली बहू ने कहा, "इसमें तो काफी समय लगेगा, जीजी, इससे अच्छा है कि आप और-और बुनावटें सीखें।"

लक्ष्मी भीतर-ही-भीतर गुस्सा हो गई, पर इसे छिपाते हुए उसने पूछा, "तुम्हें सीखने में कितने दिन लगे थे, मंझली बहू?"

मंझली बहू ने जवाब दिया, "मुझे तो किसी ने सिखाया नहीं जीजी, अपनी कोशिश से ही थोड़ा-थोड़ा करके..."

लक्ष्मी ने कहा, "इसी से नहीं तो, दूसरे से सीखतीं तो तुम भी समय का हिसाब रखतीं।"

मुंह से चाहे वह कुछ भी कहे, पर मन-ही-मन उसने बिना किसी सन्देह के अनुभव किया कि मेधा और तीक्ष्ण बुद्धि में इस मंझली बहू के सामने वह खड़ी नहीं हो सकती। आज उसके सीखने का काम बढ़ न सका और समय से बहुत पहले ही वह सुई-डोरा और पैटर्न लपेटकर घर चल दी। दूसरे दिन आई नहीं और रोज के आने में यह पहले-पहल नागा हुआ।

तीन-चार दिन के बाद फिर एक दिन हरिलक्ष्मी अपने सुई-डोरे का बाक्स लेकर मंझली बहू के घर पहुंची। मंझली बहू तब अपने लड़के को रामायण से तस्वीरें दिखा-दिखाकर उसकी कथा सुना रही थी, लक्ष्मी को देखते ही उठकर उसने आसन बिछा दिया। उद्विग्न कण्ठ से पूछने लगी, "दो-तीन दिन आई नहीं, तबीयत ठीक नहीं थी क्या?"

लक्ष्मी ने गम्भीर होकर कहा, "नहीं तो, ऐसे ही पांच-छः दिन नहीं आ सकी।"

मंझली बहू ने आचर्य प्रकट करते हुए कहा, "पांच-छः दिन नहीं आई? शायद इतने दिन हो गए होंगे। पर आज दो घण्टे ज्यादा रखकर नागों की कसर निकाल लेना चाहती हूं।"

लक्ष्मी ने कहा, "हूं, लेकिन मान लो, मेरी तबीयत ही खराब हुई होती, मंझली बहू, तुम्हें एक बार तो खबर लेनी चाहिए थी?"

मंझली बहू ने शरमाते हुए कहा, "लेनी जरूर चाहिए थी, पर घर-गिरस्ती के बहुत तरह के काम-धन्धे हैं, अकेली ठहरी, किसे भेजती, बताइए? पर मैं मानती हूं, कसूर हुआ है, जीजी।"

लक्ष्मी मन-ही-मन खुश हुई। पिछले कई दिन वह अत्यन्त अभिमान के कारण ही नहीं आई थी, और साथ ही 'जाऊंगी-जाऊंगी' करके ही उसने दिन काटे हैं। इस मंझली बहू के सिवाय सिर्फ घर ही में नहीं, बल्कि गांव-भर में ऐसी कोई भी नहीं है जिससे जी खोलकर वह हिल-मिल सके।

लड़का अपने मन से तसवीरें देख रहा था। हरिलक्ष्मी ने उसे बुलाकर कहा, "निखिल, यहां मेरे पास आना, बेटा!"

उसके पास आने पर लक्ष्मी ने अपना बॉक्स खोलकर एक पतली

सोने की जंजीर निकालकर उसके गले में पहना दी और कहा, "जाओ, खेलो जाकर।"

मां का चेहरा गम्भीर हो गया; उसने पूछा, "आपने जंजीर क्या उसे दे दी?"

लक्ष्मी ने खिले हुए चेहरे से जवाब दिया, "और नहीं तो!"

मंझली बहू ने कहा, "आपके देने से ही वह ले लेगा?"

लक्ष्मी शर्मिन्दा हो उठी, बोली, "ताई क्या एक जंजीर भी नहीं दे सकती?" मंझली बहू ने कहा, "सो मैं नहीं जानती जीजी, पर इतना जरूर जानती हूं कि मां होकर मैं लेने नहीं दे सकती। निखिल, उसे उतारकर अपनी ताई जी को दे-दो। जीजी, हम लोग गरीब हैं, पर भिखारी नहीं। यह बात नहीं कि कोई एक कीमती चीज अचानक मिले तो दोनों हाथ पसारकर लेने दौड़ें।"

लक्ष्मी दंग होकर बैठी रही। आज भी उसका मन कहने लगा, पृथ्वी, फट पड़ो!

जाते समय उसने कहा, "लेकिन यह बात तुम्हारे जेठ जी के कानों तक पहुंचेगी मंझली बहू।"

मंझली बहू ने कहा, "उनकी बहुत-सी बातें मेरे कानों तक आती हैं, मेरी एक बात उनके कानों तक पहुंच जाएगी तो कान अपवित्र नहीं हो जाएंगे!"

लक्ष्मी ने कहा, "अच्छी बात है, आजमा देखने से ही मालूम हो जाएगा।"

फिर जरा ठहरकर बोली, "खामखाह अपमानित करने की जरूरत नहीं थी, मंझली बहू। मैं भी सजा देना जानती हूं।"

मंझली बहू ने कहा, "यह आपकी नाराजी की बात है, नहीं तो मैंने आपका अपमान नहीं किया, बल्कि सिर्फ आपको अपने पति का अपमान करने नहीं दिया—इतना समझने की शिक्षा आपको मिली है।"

लक्ष्मी ने कहा, "सो मिली है, नहीं मिली है तो सिर्फ तुम जैसी गंवई-गांव की औरतों से झगड़ने की शिक्षा।"

मंझली बहू ने इस कटूक्ति का जवाब नहीं दिया, चुप बनी रही।

लक्ष्मी चलने की तैयारी करके बोली, "इस जंजीर की कीमत चाहे कुछ भी हो, मैंने लड़के को प्यार से ही दी थी, तुम्हारे पति के कष्ट दूर करने के खयाल से कतई नहीं। मंझली बहू, तुमने बस इतना ही सीख रखा है कि बड़े आदमी-मात्र ही गरीबों का अपमान करते फिरते हैं, वे प्यार भी कर सकते हैं, यह तुमने नहीं सीखा। सीखना जरूरी है। ....मगर फिर जाकर हाथ-पैर छूती मत फिरना।"

इसके जवाब में मंझली बहू ने सिर्फ जरा मुस्कराकर कहा, "नहीं, जीजी, इसकी चिन्ता तुम मत करो।"

बाढ़ के दवाब से मिट्टी का बांध टूटना शुरू होता है, तब उसकी मामूली-सी शुरुआत देखकर कल्पना भी नहीं की जा सकती कि लगातार चलने वाली पानी की धारा इतने कम समय के अन्दर ही उस टूटन को इतना भयंकर और ऐसा विशाल बना देगी। ठीक यही बात हरिलक्ष्मी के बारे में हुई। पति के पास जब उसने विपिन और उसकी स्त्री के विरुद्ध आरोप की बातें खत्म कीं, तब उसे परिणाम की कल्पना कर वह स्वयं ही डर गई। झूठ कहने का उसका स्वभाव नहीं और कहना भी चाहे तो उसकी शिक्षा और मर्यादा उसमें बाधक होती है; परन्तु इस बात को वह खुद भी न समझ पाई कि दुर्निवार जलस्त्रोत की तरह जो बातें झोंक में उसके मुंह से जबरदस्ती निकल गईं इनमें से बहुत-सी सच्ची नहीं थीं, पर इस बात को समझना भी उसे बाकी न रहा कि उसकी गति को रोकना उसके बूते के बाहर की बात थी। सिर्फ एक विषय में वह ठीक इतना नहीं जानती थी, यानी अपने पति के स्वभाव से पूरी तरह परिचित नहीं थी! उसके पति का स्वभाव जैसा निष्ठुर था, वैसा ही प्रतिहिंसा-परायण और उतना ही बर्बर। इस बात को मानो वह जानता ही नहीं कि किसी को कष्ट देने की सीमा कहां तक है। आज शिवचरण उछला-कूदा नहीं, सब सुन-सुनाकर सिर्फ इतना ही बोला, "अच्छा, पांच-छः महीने बाद देखना। यही ठीक समझ लेना, दूसरा साल न आने पाएगा।"

अपमान और लांछना की आग हरिलक्ष्मी के हृदय में जल ही रही थी, इस बात को वह वास्तव में चाहती थी कि विपिन की स्त्री को खूब अच्छी तरह सजा मिले। परन्तु शिवचरण के बाहर चले जाने पर उसके मुंह की इस

मामूली-सी बात को मन-ही-मन दुहराने से हरिलक्ष्मी के मन में शान्ति नहीं मिली। उसे ऐसा मालूम होने लगा, जैसे कहीं कुछ बड़ी भारी खराबी हो गई है।

कुछ दिन बाद किसी बातचीत के सिलसिले में हरिलक्ष्मी ने पति से मुस्कराते हुए पूछा, "उन लोगों के बारे में कुछ किया-कराया है क्या?"

"किन लोगों के बारे में?"

"विपिन लालाजी के बारे में?"

शिवचरण ने निस्पृह भाव से कहा, "क्या करता, और कर भी क्या सकता हूं? मैं मामूली आदमी जो ठहरा।"

हरिलक्ष्मी ने उद्विग्न होकर पूछा, "इसके मानी?"

शिवचरण ने कहा, "मंझली बहू कहा करती है न कि राज्य तो जेठजी का नाम है–अंग्रेज सरकार का है!"

हरिलक्ष्मी ने कहा, "ऐसा कहा है क्या? लेकिन, अच्छा..."

"अच्छा क्या?"

स्त्री ने जरा सन्देह प्रकट करते हुए कहा, "लेकिन मंझली बहू तो ठीक इस तरह की बात कभी कहती नहीं। बहुत चालाक है क्या? बहुत से लोग शायद बात बढ़ा-चढाकर चुगली भी कर दिया करते हैं।"

शिवचरण ने कहा, "इसमें आश्चर्य की कोई बात नहीं। मगर यह बात तो मैंने अपने कानों से सुनी है।"

हरिलक्ष्मी इस बात पर विश्वास न कर सकी। पर उस समय के लिए पति का मनोरंजन करने के खयाल से सहसा गुस्सा दिखाती हुई बोली, "कहते क्या हो, इतना घमण्ड! मुझे तो खैर जो कुछ कहा, लेकिन जेठ लगते हो, तुम्हारी तो जरा इज्जत करनी चाहिए थी?"

शिवचरण ने कहा, "हिन्दुओं के घर ऐसा ही तो सब समझते हैं। पढ़ी-लिखी विद्वान् औरत ठहरी न! इसी से। पर मेरा अपमान करके कोई भी बच नहीं सकता। बाहर जरा काम है, मैं जा रहा हूं।" इतना कहकर शिवचरण बाहर चल दिया। बात को जिस तरह हरिलक्ष्मी कहना चाहती थी, उस तरह न कह सकी, बल्कि वह उलटी हो गई, पति के चले जाने पर रह-रहकर उसे इसी बात का खयाल होने लगा।

बाहर की बैठक में जाकर शिवचरण ने विपिन को बुलाकर कहा, “पांच-सात साल से तुमसे कह रहा हूं विपिन, कि अपने मवेशियों को यहां से हटा लों, रात को सोना मेरे लिए हराम हो गया है, सो क्या तुमने मेरी बात न सुनना ही तय कर लिया है?”

विपिन ने आश्चर्यचकित होकर कहा, “कहां, मैंने तो एक बार भी नहीं सुना, भइया?”

शिवचरण ने बड़ी आसानी के साथ कहा, “कम-से-कम इस बार तो मैंने अपने मुंह से कहा है तुमसे। तुम्हें याद न रहे तो कोई नुकसान नहीं, पर इतनी बड़ी जमींदारी का जो शासन करता है, उसकी बात भूल जाने से काम नहीं चल सकता। खैर, कुछ भी हो, तुम्हें खुद इस बात की अक्ल होनी चाहिए थी कि दूसरे की जगह में कैसे इतने दिनों तक मवेशी बांधे जा सकते हैं? कल ही वहां से सब हटा-हटू लेना। मुझे फुरसत न मिलेगी, तुम्हें यह अन्तिम बार जता दिया मैंने।”

विपिन के मुंह से ऐसी ही बात नहीं निकलती, उस पर अकस्मात् इस परम आश्चर्यकारी प्रस्ताव के सामने वह एकबारगी अभिभूत हो गया। अपने बाबा के जमाने से उस जगह को वह अपनी ही समझता आ रहा है। इतनी बड़ी झूठी बात का वह प्रतिवाद तक न कर सका कि वह दूसरे की है, चुपचाप घर चला गया।

उसकी स्त्री ने सब बातें सुनकर कहा, “पर राज की अदालत तो खुली है!”

विपिन चुप रहा। वह चाहे भला आदमी क्यों न हो, इस बात को जानता था कि अंग्रेजी राज्य की अदालत का विशाल द्वार कितना भी खुला हुआ क्यों न हो, गरीबों के घुसने लायक रास्ता उसमें जरा-सा भी खुला नहीं। आखिर वही हुआ, जो होना था। दूसरे दिन बड़े बाबू के लोग आए और उन्होंने पुरानी टूटी-फूटी गोशाला को तोड़कर उस जगह को लम्बी दीवार से घेर दिया। विपिन थाने में आकर खबर दे आया, मगर आश्चर्य है कि शिवचरण की पुरानी ईंटों की नई दीवार जब तक पूरी नहीं बन गई, तब तक एक भी लाल पगड़ी उसके पास नहीं फटकी। विपिन की स्त्री ने हाथ की चूड़ियां बेचकर अदालत में नालिश की पर उससे सिर्फ चूड़ियां ही चली

गईं, और कुछ नहीं हुआ। ,

रिश्ते में विपिन की बुआ लगने वाली एक शुभाकांक्षिणी ने इस विपत्ति में विपिन की स्त्री को हरिलक्ष्मी के पास जाने की सलाह दी थी, इस पर उसने शायद कह दिया था कि "शेर के आगे हाथ जोड़कर खड़ा होने से फायदा क्या, बुआजी? प्राण तो जाने के हैं सो जाएंगे ही, ऊपर से अपमान और हाथ लगेगा।"

यह बात जब हरिलक्ष्मी के कानों में पड़ी, तो वह चुप रही, किसी तरह का उत्त ार देने की उसने कोशिश तक नहीं की।

काशी से हवा-पानी बदलकर आने के बाद एक दिन के लिए भी उसकी तबीयत बिलकुल ठीक नहीं रही। इस घटना के महीने-भर बाद उसे फिर बुखार आने लगा। कुछ दिन तक गांव में ही इलाज होता रहा, मगर कोई फायदा नहीं हुआ। तब डॉक्टर की सलाह से उसे फिर बाहर जाने के लिए तैयारियां करनी पड़ीं।

अनेक प्रकार के काम-काजों के मारे अब की शिवचरण का जाना न हो सकता, वह गांव में ही रहा। जाते समय लक्ष्मी अपने पति से एक बात कहने के लिए भीतर-ही-भीतर फड़फड़ाती रही, पर किसी तरह मुंह खोलकर उस आदमी के सामने वह बात कह नहीं सकी। उसे बार-बार ऐसा मालूम होने लगा कि इनसे अनुरोध करना व्यर्थ है, इसके मानी ये नहीं समझ सकते।

हरिलक्ष्मी के रोगग्रस्त शरीर का पूर्णतया नीरोग होने में अबकी कुछ लम्बा समय लगा। करीब एक साल के बाद वह बेलपुर वापस आई। वह सिर्फ जमींदार की लाड़ली स्त्री ही तो नहीं, इतने बड़े घर की मालकिन भी तो है, इसलिए मुहल्ले की औरतों के झुंड-के-झुंड उसे देखने आए। जो सम्बन्ध में बड़ी थीं, उन लोगों ने आशीर्वाद दिया और जो छोटी थी, उन्होंने पांव छुए। आई नहीं तो सिर्फ विपिन की स्त्री। इस बात को हरिलक्ष्मी जानती थी कि वह नहीं आएगी। इस एक साल के अन्दर विपिन के घर के लोग किस तरह रहे; फौजदारी और दीवानी मामले जो उनके विरुद्ध चल रहे थे, उनका क्या नतीजा हुआ, इनमें से कोई भी खबर उसने किसी से जानने की कोशिश नहीं की। शिवचरण कभी घर पर और कभी पश्चिम में जाकर

स्त्री के साथ रह आया करता था। जब-जब पति से भेंट हुई है, परंतु फिर भी एक दिन भी, उसने पति से कोई बात नहीं पूछी। पूछते हुए उसे डर लगता था। सोचती, इतने दिनों में कुछ-न-कुछ निबटारा हो ही गया होगा, और शायद इनके क्रोध में अब उतनी तेजी नहीं रही। इस आशंका से कि पूछताछ करने से फिर कही पहले का घाव ताजा न हो जाए, वह ऐसा भाव धारण किए रहती जैसे उन सब तुच्छ बातों की अब उसे याद ही नहीं। उधर शिवचरण भी अपनी तरफ से किसी दिन विपिन की बात नहीं छेड़ता। इस बात को वह हरिलक्ष्मी से छिपाये ही नहीं रखता कि अपनी स्त्री के अपमान की बात वह भूला नहीं है बल्कि उसकी अनुपस्थिति में इसका काफी इन्तजार उसने कर रखा है। उसके मन में साध थी कि लक्ष्मी घर जाकर अपनी आंखों से ही सब देख-भाल ले और तब मारे आनन्द के फूली न समाए।

ज्यादा दिन चढ़ने के पहले ही बुआजी की बारम्बार स्नेहपूर्ण ताड़ना से लक्ष्मी जब नहा-धोकर निश्चिन्त हुई, तो बुआजी ने उत्कण्ठा प्रकट करते हुए कहा, "अभी तुम्हारा शरीर कमजोर ठहरा, बहूरानी, तुम अब नीचे न जाओ, यहीं तुम्हारे लिए थाली परसवाकर मंगवाए देती हूं।"

लक्ष्मी ने आपत्ति करते हुए हंसकर कहा, "मेरा शरीर पहले जैसा ही ठीक हो गया है, बुआजी, मैं नीचे रसोई में जाकर खा आऊंगी, ऊपर सब ढोकर लाने की जरूरत नहीं। चलो, नीचे ही चलती हूं।"

बुआजी ने 'शिबू की तरफ से मनाई है' कहते हुए उसे रोक दिया। उनका हुक्म पाकर नौकरानी जगह साफ करके आसन बिछा गई। दूसरे ही क्षण मिसरानी भोजन लेकर हाजिर हुई। उसके थाली रखकर चले जाने पर लक्ष्मी ने आसन पर बैठते हुए पूछा, "ये मिसरानी जी कौन-सी हैं बुआजी, पहले तो कभी नहीं देखा इन्हें।"

बुआजी ने हंसकर कहा, "पहचान न सकीं, बहूरानी, यह तो अपने विपिन की बहू है।"

लक्ष्मी स्तब्ध होकर बैठी रह गई। मन-ही-मन समझ गई, उसे एकाएक आश्चर्यचकित कर देने के लिए ही इतना षड्यन्त्र करके इस तरह छिपा रखा गया था। कुछ देर में अपने को सम्हालकर वह जिज्ञासु मुख से बुआजी

की तरफ देखने लगी।

बुआजी ने कहा, "विपिन मर गया है, सुन लिया होगा?"

लक्ष्मी ने कुछ भी नहीं सुना था; परन्तु अभी तुरन्त जो थाली परस गई है, उसकी तरफ देखते ही यह बात मालूम हो जाती है कि वह विधवा है। उसने सिर हिलाकर कह दिया, "हां।"

बुआजी ने बाकी घटना का वर्णन करते हुए कहा, "जो कुछ बचा-खुचा था खाक-धूल, सो सब मुकदमेबाजी में स्वाहा करके विपिन तो मर गया। जब देखा कि बाकी रुपया चुकाने में मकान भी हाथ से जाता है, तब हम ही लोगों ने सलाह दी, "मुंझली बहू, साल-दो साल अपनी देह से मेहनत करके रुपये चुका दे, जिससे तेरे लड़के के लिए कम-से-कम बैठने के लिए तो जगह बची रहे।"

लक्ष्मी अपने सफेद फक चेहरे से, उसी तरह पलकहीन नेत्रों से, चुपचाप देखती रह गई। बुआजी ने सहसा गले का स्वर धीमा करके कहा, "फिर भी मैंने एक बार उसे अलग ले जाकर कहा था कि मंझली बहू, जो होना था सो हो गया, अब उधार-अधूरे कर के जैसे बने एक बार काशी जाकर बड़ी बहू के पैरों पड़ आ! लड़के को उनके पैरों पर डालकर कहना—जीजी, इसका तो कोई कसूर नहीं, इसे बचाओ...."

बात करते-करते बुआजी आंखों से आंसू पोंछती हुई बोली, "मगर बन्दी सिर नीचे किए मुंह बन्द करके बैठी रही; उसने हां-ना कुछ जवाब तक नहीं दिया।"

हरिलक्ष्मी समझ गई, उसका सारा का सारा पाप मेरे ही सिर पर आ पड़ा है! उसके मुंह का अन्य-व्यंजन सब-का-सब कड़वा जहर हो गया, फिर वह एक गस्सा भी न निगल सकी। बुआजी किसी काम से थोड़ी देर के लिए कमरे से बाहर चली गई थीं, लौटकर जब उन्होंने लक्ष्मी की थाली की दशा देखी तो वे चंचल हो उठीं। जोर से पुकारने लगीं, "विपिन की बहू! विपिन की बहू!" विपिन की बहू के दरवाजे के बाहर आकर खड़ी होते ही वे जोर-से बिगड़ पड़ीं। इसके कुछ ही क्षण पहले करुणा के मारे उनकी आंखों में जो आंसू भर आए थे, तुरन्त ही न जाने वे कहां उड़ गए। तीक्ष्ण स्वर में कहने लगीं, "ऐसी लापरवाही से काम करने से तो नहीं चल सकता, विपिन की

बहू! बहूरानी एक दाना भी मुंह में न दे सकीं, ऐसी बुरी रसोई बनाई है!"

दरवाजे के बार से इस तिरस्कार का कोई जवाब नहीं आया, परन्तु दूसरे के अपमान के भार से लज्जा और वेदना के मारे हरिलक्ष्मी का अपने कमरे के ही भीतर सिर नीचा हो गया।

बुआजी ने फिर कहा, "नौकरी करने चली हो, सो चीज-वस्त की बिगाड़ से काम न चलेगा, बेटी! और भी पांच जनी जैसे काम करती हैं, तुम्हें भी वैसे ही करना चाहिए, सो कहे देती हूं।"

विपिन की स्त्री ने अब की बार धीरे से कहा, "जी-जान से कोशिश तो ऐसी ही करती हूं बुआजी, आज मालूम नहीं कैसे क्या हो गया।"

इतना कहकर उसके नीचे चले जाने पर, लक्ष्मी के उठकर खड़े होते ही बुआजी 'हाय-हाय' कर उठीं। लक्ष्मी ने मुलायमियत के साथ कहा, "क्यों अफसोस कर रही हो, बुआजी, मेरी तबीयत ठीक नहीं, इससे नहीं खा सकी। मंझली बहू की रसोई में कोई खराबी नहीं है।"

हाथ-मुंह धोकर हरिलक्ष्मी अपने एकान्त कमरे में गई, तो उसका दम-सा घुटने लगा। सब तरह का अपमान सहते हुए भी शायद विपिन की स्त्री का इस घर में नौकरी करना चल सकता है, पर आज के बाद गृहिणीपन का व्यर्थ श्रम करके इस घर में उसके दिन कैसे बीतेंगे? मंझली बहू के लिए तो फिर भी एक सान्त्वना है, बिना कसूर के दुःख सहने की सान्त्वना, परन्तु स्वयं लक्ष्मी के लिए कहां क्या बाकी रह गया।

रात को लक्ष्मी पति के साथ बात क्या करती, उससे अच्छी तरह उनकी तरफ देखा भी न गया। आज उसके मुंह के शब्द से विपिन की स्त्री का सब दुःख दूर हो सकता था, किन्तु निरुपाय अबला नारी से जो आदमी इतना जबरदस्त बदला ले सकता है, जिसके पौरुष में यह बात खटकती तक नहीं, उससे भीख मांगने की हीनता स्वीकार करने में लक्ष्मी की किसी कदर प्रवृत्ति नहीं हुई। शिवचरण ने जरा हंसकर पूछा, "मंझली बहू से भेंट हुई? कहो, कैसी रसोई बनाती है?"

हरिलक्ष्मी जवाब न दे सकी। वह सोचने लगी, यही आदमी उसका पति है और जिंदगी भर इसी के साथ रहकर घर-गृहस्थी चलानी होगी! सोचते-सोचते उसका मन कहने लगा—पृथ्वी, फट पड़ो!

दूसरे दिन सबेरे उठते ही लक्ष्मी ने दासी के द्वारा बुआजी को कहला भेजा, कि उसे बुखार आ गया है, वह कुछ खाएगी नहीं।

बुआजी ने उसके कमरे में आकर जिरह करते-करते नाक में दम कर दिया। उसके चेहरे के रुख से और कण्ठ स्वर से उन्हें न जाने कैसा एक सन्देह-सा हो गया, उनकी बहूरानी शायद कुछ छिपाने की कोशिश कर रही है। बोलीं, "लेकिन तुम्हें तो सचमुच बुखार आया नहीं, बहूरानी?"

लक्ष्मी ने सिर हिलाकर जोर से कहा, "मुझे बुखार है, मैं कुछ न खाऊंगी।"

डॉक्टर के आने पर उसे बाहर से ही विदा करते हुए कहा, "आप तो जानते हैं, आपकी दवा से मुझे कुछ फायदा नहीं होता, आप जाइए।"

शिवचरण ने आकर बहुत-कुछ पूछा-ताछा, पर किसी भी बात का उसे उत्तर नहीं मिला।

और भी दो-तीन दिन जब इसी तरह बीत गए, तब घर के सभी लोग न जाने कैसी एक अज्ञात आशंका से उद्विग्न हो उठे।

उस दिन, दिन के करीब तीसरे पहर, लक्ष्मी गुसलखाने से निकलकर चुपचाप दबे पांव आंगन के एक किनारे से ऊपर आ रही थी, बुआजी रसोईघर के बरामदे से उसे देखकर चिल्ला उठीं, "देखो बहूरानी, विपिन की बहू की करतूत देखो! ऐं, मंझली बहू अन्त में चोरी करने पर उतर आई!"

हरिलक्ष्मी पास जाकर खड़ी हो गई। मंझली बहू जमीन पर चुपचाप नीचे मुंह किए बैठी थी, एक बरतन में कुछ खाना अगोछे से ढका रखा था। बुआजी ने उसे दिखाते हुए कहा, "तुम्हीं बताओ, बहूरानी, इतना भात और तरकारी एक आदमी खा सकता है? घर लिये जा रही है लड़के के लिए... .जबकि बार-बार इसे मना कर दिया गया है। शिवचरण के कान में भनक पड़ने पर फिर खैर नहीं; गरदन पकड़कर निकाल बाहर करेगा। बहूरानी, तुम मालकिन हो, तुम्हीं इसका न्याय कर दो।" इतना कहकर बुआजी ने मानो अपना एक कर्तव्य समाप्त कर के दम लिया।

बुआजी का चीत्कार सुनकर घर के नौकर-नौकरानी, और भी लोग-बाग जो जहां थे, सब आकर इकट्ठे हो गए और लगे तमाशा देखने। उन सबके बीच में बैठी थी उस घर की मंझली बहू और उनकी मालकिन यानी इस घर

की गृहिणी।

लक्ष्मी को इस बात का स्वप्न में भी खयाल न था कि इतनी छोटी, इतनी तुच्छ चीज़ के बारे में इतना बड़ा भद्दा काण्ड हो सकता है। अभियोग का जवाब तो क्या देती, मारे अपमान और अभिमान और लज्जा के वह मुंह भी न उठा सकी। लज्जा और किसी के लिए नहीं, स्वयं अपने ही तईं थी। आंखों से उसके आंसू गिरने लगे। उसे मालूम होने लगा, इतने लोगों के सामने वही मानो पकड़ी गई है और विपिन की बहू उसका विचार करने बैठी है।

दो-तीन मिनट तक इसी तरह रहकर सहसा बड़ी कोशिश से अपने को सम्हालकर लक्ष्मी ने कहा, "बुआजी, तुम सब लोग यहां से चली जाओ।"

उसका इशारा पाते ही जब सब चले गए, तब लक्ष्मी धीरे-से मंझली बहू के पास आकर बैठ गई। फिर हाथ से उसका मुंह उठाकर देखा, उसकी भी दोनों आंखों से टपटप आंसू गिर रहे थे। लक्ष्मी बोली, "मंझली बहू, मैं तुम्हारी जीजी हूं...." इतना कहकर उसने अपने आंचल से उसके आंसू पोंछ दिए।

मुकदमे का नतीजा

वृद्ध वृन्दावन सामन्त के मरने के बाद उसके दोनों लड़के शिबू और शम्भू सामन्त रोजमर्रा लड़ते-झगड़ते पांच-छः महीने एक चौक और एक ही मकान में बने रहे; और उसके बाद एक दिन दोनों न्यारे हो गए।

गांव के जमींदार स्वयं चौधरी साहब ने आकर दोनों की सम्मिलित खेती-बड़ी, जमीन-जायदाद, बाग-तालाब–सबका बंटवारा कर दिया। पुराने घर को छोड़कर छोटा भाई शम्भु सामन्त सामने के तालाब के उधर मिट्टी का घर बनाकर, छोटी बहू और बाल-बच्चों के साथ उसमें रहने लगा।

सभी चीजों का बंटवारा हो गया, सिर्फ एक छोटे-से-बांस के झाड़ का हिस्सा न हो सका। कारण, शिबू ने आपत्ति करते हुए कहा, "चौधरीजी, बांस के झाड़ की मुझे बहुत ही जरूरत है। घर-बार सब पुराना हो गया है, छप्पर को फिर से बनवाना है, खूंटी-ऊंटी के लिए भी बांस मुझे चाहिए ही। गांव में किससे मांगने जाऊंगा, बताइए?"

शम्भू ने प्रतिवाद के लिए उठकर बड़े भाई के मुंह की तरफ हाथ हिलाते हुए कहा, "अहा-हा, इन्हीं को खूंटी-ऊंटी के लिए बांस की जरूरत होगी और मेरे घर का काम केले के पेड़ से चल जाएगा, क्यों? सो नहीं हो सकता, चौधरीसाहब, बांस के झाड़ के बिना तो हां, मैं कहे देता हूं, मेरा भी काम चल नहीं सकता।"

मीमांसा यहीं तक होते-होते रह गई। लिहाजा यह संपत्ति दोनों की शामिल बनी रही है। फल यह हुआ कि शम्भू यदि उसकी एक टहनी पर भी हाथ लगाता तो शिबू भइया गड़ासा लेकर दौड़ पड़ते और शिबू की स्त्री बांस के पास पांव रखती तो शम्भू लाठी लेकर मारने दौड़ता।

उस दिन सवेरे इसी बांस के झाड़ के पीछे दोनों परिवारों में बड़ा भारी

दंगा हो गया। षष्ठीदेवी की पूजा ऐसे किसी एक देवकार्य के लिए बड़ी बहू गंगामणि को थोड़े-से बांस के पत्ते चाहिए थे। गंवई-गांव में यह चीज़ कोई दुर्लभ वस्तु नहीं थी, आसानी से और कहीं से भी पत्ते लिये जा सकते थे; परन्तु अपने यहां मौजूद रहते हुए दूसरे के सामने हाथ पसारने में उसे शर्म मालूम हुई। खासकर उसे इस बात का भरोसा था कि देवर अब तक जरूर खलिहान चला गया होगा, छोटी बहू अकेली क्या कर सकती है।

मगर, मालूम नहीं किस वजह से शम्भू को उस दिन खलिहान जाने में देर हो गई थी। वह बासी भात खाकर हाथ-मुंह धोना ही चाहता था कि इतने में छोटी बहू तालाब के घाट से गिरते-पड़ते भागी आई और उसने पति से सब हाल कह सुनाया। शम्भू के हाथ का लौटा वहीं पड़ा रहा, हाथ-मुंह धोना जहां-का-तहां रहा, वह चिल्लाकर सारे मुहल्ले को जगाता हुआ तीन कुदान में घटनास्थल पर जा पहुंचे और जूठे ही हाथों से उस ने भौजाई के हाथ से बांस के पत्ते छीनकर फेंक दिए, साथ ही भौजाई के प्रति ऐसे वाक्य कह डाले जो चाहे कहीं से भी सीखे हों, पर यह बिना किसी सन्देह के कहा जा सकता है कि रामायण के लक्ष्मण-चरित्र से हरगिज नहीं सीखे।

इधर बड़ी बहू रोती-रोती घर पहुंची और तुरन्त ही खलिहान में पति के पास खबर भेज दी। शिबू हल छोड़कर हंसिया हाथ में लिये आया और बांस के झाड़ के पास खड़े होकर उसने अनुपस्थित भाई के लिए अस्त्र घुमाते हुए शोर मचाना शुरू किया कि चारों तरफ आदमी इकट्ठे हो गए। इसमें भी जब अरमान पूरा न हुआ, तो वह सीधा जमींदार के यहां नालिश करने पहुंचा और यह कहकर डरा गया कि चौधरी साहब इसका उयाय करें तो ठीक, नहीं तो वह सदर कचहरी में जाकर एक नम्बर का मुकदमा चलाएगा, और तब कहीं उसका नाम शिबू सामन्त होगा।

उधर शम्भू बांस के पत्ते छीनने का कर्तव्य पूरा करके तुरन्त ही बैल लेकर हल जोतने चला गया। स्त्री के मना करने पर भी उसने सुना नहीं। घर में छोटी बहू अकेली थी। इतने में जेठजी ने आकर गरजकर मुहल्ला इकट्ठा कर लिया और वीरदर्प के साथ इकतरफा विजय प्राप्त कर चले आए। छोटी बहू होने से वह सब कुछ कानों से सुनकर भी कुछ जवाब न दे सकी। उससे इसके मनस्ताप की और पति के विरुद्ध अप्रसन्नता की

सीमा न रही। उसने रसोईघर की तरफ पांव भी न रखा, मुंह उदास करके बरामदे में पैर फैलाकर बैठ गई।

शिबू के घर भी यही दशा हुई। बड़ी बहू प्रतिज्ञा किए बैठी पति की बाट जोह रही है कि या तो इसका कुछ फैसला होना चाहिए, नहीं तो वह इस घर में पानी तक न पीएगी और सीधी अपने मायके को चल देगी। दो बांस के पत्तों के लिए देवर के हाथ से इतना अपमान!

डेढ़ पहर दिन चढ़ गया, अभी तक शिबू का कोई पता नहीं। बड़ी बहू छटपटा रही थी—क्या जाने कहीं चौधरी साहब के मकान से सीधे कचहरी तो नहीं चले गए मामला दाखिल करने?

इतने में जोर की आहट के साथ बाहर का दरवाजा खुला और शम्भू के बड़े लड़के गयाराम ने प्रवेश किया। उसकी उमर सोलह-सत्रह साल की या ऐसी की कुछ होगी; मगर इस उम्र में भी उसका क्रोध और भाषा उसके बाप को भी लांघ गई थी। वह गांव के ही माइनर स्कूल में पढ़ता है। आजकल सबेरे का स्कूल ठहरा, साढ़े दस बजे ही स्कूल की छुट्टी हो गई थी।

गयाराम जब सालभर का था, तभी उसकी मां मर गई थी। उसका बाप शम्भू दुबारा शादी कर के नयी बहू तो घर ले आया, पर इस मा-मरे बच्चे को पालने का भार ताई पर ही आ पड़ा; और तब से दोनों भाई जब तक अलग न हुए तब तक उसका भार वही सम्हालती आई है। विमाता के साथ कभी उसका कोई खास सम्बन्ध नहीं रहा, यहां तक कि उनके न्यारे होकर नये मकान में चले जाने पर भी जहां उसकी लाग लग जाती है वहीं वह खा-पी लिया करता है।

आज वह स्कूल से घर गया तो सौतेली मां का मुंह और खाने का इन्तजाम देखकर हुताशन के समान प्रज्वलित हो उठा और इस घर में आया। यहां ताई का मुंह देखकर उसकी उस आग में पानी न पड़ा, बल्कि मिट्टी का तेल पड़ गया। उसने जरा भी भूमिका न बांधकर कहा, "भात दे, ताई।"

ताई ने बात नहीं की, जैसे बैठी थी वैसे ही बैठी रही।

क्रुद्ध गयाराम ने जमीन पर पैर पटकते हुए कहा, "भात देगी या नहीं देगी, सो बता?"

गंगामणि ने सिर उठाकर मारे गुस्से के गरजकर कहा, "तेरे लिए भात रांधे बैठी जो हूं न, सो दे दूं। तेरी सौतेली अम्मा अभागी भात न दे सकी, जो यहां आया है फसाद मचाने?"

गयाराम ने चिल्लाकर कहा, "उस अभागी की बात मैं नहीं जानता। तू देगी कि नहीं, बता? नहीं देगी तो जाता हूं तेरी सब हंड़ियां-मटकियां तोड़ने।" यह कहता हुआ वह भिसौरे के पास जाकर ईधन के ढेर में से एक लकड़ी उठाकर तेजी से रसोईघर की तरफ चल दिया।

ताई मारे डर के जोर से चिल्ला उठी, "गया! हरामजादे, डकैत! ज्यादा ऊधम किया तो समझ लेना, हां! दो दिन भी नहीं हुए, मैंने नई हंड़ियां-मटकियां निकाली हैं, एक भी कोई टूट-फूट गई तो तेरे ताऊ से कहकर तेरी टांग न तुड़वा दी तो कहना, हां!"

गयाराम ने रसोईघर की सांकल पर हाथ रखा ही था कि सहसा एक नयी बात उसे याद आ गई, और उसने अपेक्षाकृत शान्तभाव में आकर कहा, "अच्छा, भात नहीं देती तो मत दे, जा, मुझे नहीं चाहिए। नदी किनारे बड़ के नीचे ब्रम्हनों की लड़कियां भर-भर टोकना चिउड़ा-मुड़की (धान की खीलों को गुड़ की चाश्नी में पागकर बनाई जाने वाली एक मिठाई) ले जाकर पूजा कर रही हैं, जो मांगता है उसी को दे रही हैं, देख आया हूं। वहीं जाता हूं, उन्हीं के पास।"

गंगामणि को उसी वक्त याद आया कि आज अरण्य-षष्ठी है और क्षण भर में उसका मिजाज 'कड़ी' से 'कोमल' में उतर आया। फिर भी मुंह का जोर ज्यों-का-त्यों बनाए रखकर उसने कहा, "चला न जा, कैसे जाता है देखूंगी?"

"देखना, तब!" कहकर गया ने एक फटा अंगोछा उठाकर कमर से लपेट लिया। उसके जाने के लिए तैयार होते ही गंगामणि ने उत्तेजित होकर कहा, "आज यदि छठ के दिन दूसरों के यहां से मांगकर खाया तो तेरी क्या दुरगत करती हूं देखना, अभागे!"

गया ने जवाब नहीं दिया। रसोईघर में घुसकर वह हथेली-भर तेल लेकर सिर पर रगड़ता हुआ जा ही रहा था कि इतने में उसकी ताई ने आंगन में आकर डराते हुए कहा, "डाकू कहीं के! देवी-देवता के साथ गंवारपन!

वहां डुबकी लगाकर लौट न आया तो अच्छा नहीं होगा, कहे देती हूं। आज मैं वैसे ही गुस्से में हूं।"

मगर गयाराम डरने वाला लड़का ही नहीं। वह सिर्फ दांत निकालकर ताई को ठेंगा दिखाकर भाग गया।

गंगामणि उसके पीछे-पीछे सड़क तक दौड़ी आई और लगी चिल्लाने, "आज छठ के दिन किसके लड़के भात खाते हैं, जो तू भात खाना चाहता है? पटाली-गुड़ के सन्देस से, केले से, दूध-दही से फलाहार नहीं कर सकता जो तू जा रहा है पराये घर मांगकर खाने केवट के घर तू ऐसा नवाब पैदा हुआ है?"

गया कुछ दूर जाकर मुड़कर खड़ा हो गया, बोला, "तो तूने दिया क्यों नहीं, मुंहजली? क्यों कहा कि कुछ नहीं है?"

गंगामणि गाल पर हाथ रखकर दंग रह गई, बोली, "सुनो लड़के की बातें! मैंने कब कहा तुझसे कि कुछ नहीं है? नहाने का ठिकाना नहीं, कुछ बात न चीत, डकैत की तरह घर में घुसा नहीं कि दे भात! भात क्या आज खाया जाता है जो देती? मैं कहती हूं, सब कुछ मौजूद है, तू नहा तो आ।"

गया ने कहा, "फलाहर तेरा सड़ जाए। रोज-रोज अभागिनें लड़ाई-झगड़ा करेंगी और रसोईघर की सांकल चढ़ाकर पैर पसारकर बैठ जाएंगी और मैं दोपहर बाद सूखा भात खाऊंगा! जाओ, मैं तुम लोगों में से किसी के यहां नहीं खाना चाहता, जाओ।" कहकर वह दनदनाता हुआ फिर जाने लगा। यह देखकर गंगामणि वहीं खड़ी-खड़ी रोते-से-स्वर में चिल्लाने लगी, "आज छठ के दिन किसी के यहां मांग-खाकर असगुन मत कर गया!....राजा बेटा कैसा है मेरा!....अच्छा तो चार पैसे दूंगी, सुन तो...."

गयाराम ने मुंह भी न फेरा, जल्दी से चलता चला गया। चलते-चलते कहता गया, "नहीं चाहिए मुझे फलाहार, नहीं चाहिए पैसा। तेरे फलहार पर मैं...." इत्यादि-इत्यादि।

उसके आंखों से ओझल हो जाने पर गंगामणि घर लौट आई और मारे दुःख और गुस्से के निर्जीव की तरह बरामदे में आकर बैठ गई और गया के इस बुरे बर्ताव से मर्माहत होकर उसकी सौतेली मां को कोसने और गाली देने लगी।

उधर नदी की ओर चलते-चलते रास्ते में ताई की बातें गया के कान में गूंजने लगीं। एक तो अच्छे खाने की तरफ स्वभाव से ही उसका लालच था; फिर पटाली-गुड़ के सन्देह, दूध-दही, केले....उस पर चार पैसे दक्षिणा! ....उसका मन बहुत ही जल्द नरम होने लगा।

नहा-धोकर गयाराम बड़ी जोर की भूख लेकर घर लौटा। आंगन में आकर चिल्लाया, "फलाहार का सामान जल्दी ले आ ताई, बड़ी जोर की भूख लगी है मुझे। लेकिन पटाली सन्देस कम देगी तो आज तुझे ही खा जाऊंगा।"

गंगामणि गाय की टहल के लिए ग्वालघर में घुसी ही थी। गया की चिल्लाहट सुनकर उसने मन-ही-मन अपनी गलती समझ ली। घर में दूध-दही, चिउड़ा-गुड़ तो था, पर केले न थे और न पटाली-गुड़ के सन्देस ही थे। तब तो गया को रोकने के लिए उसे चाहे जैसा लोभ दे दिया, पर अब?

उन्होंने वहीं से आवाज दी, "तब तक तू कपड़े तो बदल, मैं तालाब से हाथ धोकर आती हूं।"

"जल्दी आ!" हुक्म चलाकर गया ने कपड़े बदले और वह स्वयं अपने हाथ से आसन बिछा, लोटे में पानी रख, तैयार होकर बैठ गया। गंगामणि जल्दी-जल्दी हाथ धोकर लौट आई और उसे खुशमिजाज देखकर प्रसन्न होकर बोली, "देख तो, कैसा राजा बेटा हो गया! बात-बात पर गुस्सा करते हैं कहीं!" कहती हुई वह भंडारघर से खाने का सामान निकाल लाई।

गयाराम ने लम्हे भर में सब सामान देख लिया और तीखे स्वर में पूछा, "केले कहा हैं?"

गंगामणि ने इधर-उधर करके कहा, "ढांकना भूल गई थी बेटा, चूहे सब खा गए। अब एक बिल्ली पाले बिना काम नहीं चलेगा।"

गया ने हंसकर कहा, "चूहे कहीं केले खाते हैं? तेरे यहां थे ही नहीं, कहती क्यों नहीं?"

गंगामणि ने अचम्भे के साथ कहा, "क्यों, क्या हुआ? क्या केले चूहे नहीं खाते?"

गया ने दही-चिउड़ा मिलाते हुए कहा, "अच्छा खाते हैं, खाते हैं। मुझे केले नहीं चाहिए, पटाली-गुड़ के सन्देस ले आ। कमती मत लाना, कहे देता हूं।"

ताई फिर भंडारघर में गई और कुछ देर तक झूठ-मूठ को हंड़िया-मटकियां हिला-डुलाकर डर के साथ बोल उठी, "हाय, सन्देस भी चूहे खा गए...बेटा, रत्ती-भर भी नहीं छोड़ा, जाने कब हंडिया का मुंह खुला छोड़ गई–मेरी याद पर पत्थर...."

ताई की बात पूरी भी न होने दी, वह एकाएक त्योरियां चढाकर चिल्ला उठा, "पटाली-गुड़ कहीं चूहे खाते हैं डाइन–मेरे मेरे साथ चालाकी? तेरे पास कुछ था नहीं तो तूने मुझे बुलाया क्यों?"

ताई ने बाहर आकर कहा, "सच्ची कहती हूं, गया... ।"

गया उछलकर खड़ा हो गया, बोला, "फिर भी कह रही है, 'सच्ची'?" जा, मैं तेरा कुछ नहीं खाना चाहता।" कहकर पांव से उसने सब सामान आंगन में फेंक दिया और कहा, "अच्छा, मैं मजा चखाता हूं, देख न!" कहता हुआ ईंधन की लकड़ी उठाकर भण्डारघर की तरफ लपका।

गंगामणि 'हे-हे' करती हुई उसके पास पहुंची लेकिन पल-भर क्रुद्ध गयाराम ने हंड़िया-मटकियां सब तोड़-फोड़कर बराबर कर दीं और उसे रोकने में ताई के हाथ में थोड़ी-सी चोट भी आ गई।

ठीक इस समय शिबू जमींदार के यहां से वापस आया। शोर-गुल सुनकर उसने चिल्लाकर पूछा कि "क्या बात है?" गंगामणि पति की आवाज सुनते ही रो उठी और गयाराम हाथ की लकड़ी फेंककर सरपट भाग खड़ा हुआ।

शिबू ने गुस्से-भरी आवाज में पूछा, "बात क्या है?"

गंगामणि ने रोते हुए कहा, "गया मेरा सरबस तोड़-फोड़ कर हाथ में लकड़ी मारकर भाग गया है, यह देखो, हाथ सूज गया है।" कहकर उसने पति को अपना हाथ दिखाया।

शिबू के पीछे उसका छोटा साला था। होशियार और पढ़ा-लिखा होने से जमींदार के यहां जाते वक्त शिबू उसे परले मुहल्ले से बुलाकर अपने साथ ले गया था। उसने कहा, "सामन्त साहब, यह सब छोटे सामन्त की कारसाजी है। लड़के को भेजकर उसी ने यह काम कराया है। क्यों जीजी, यही बात है न?"

गंगामणि का इस समय कलेजा जल रहा था, उसने उसी वक्त सिर

हिलाकर कहा, "ठीक है, भइया। उसी मुंहजले के लड़के को सिखाकर मुझे मार दिलाई है। इसका कुछ होना जरूरी चाहिए, नहीं तो मैं गले में रस्सी लगाकर मर जाऊंगी।"

इतनी देर हो चुकी थी, तब शिबू का नहाना-खाना कुछ भी नहीं हुआ था। जमींदार के यहां से भी न्याय नहीं हुआ; उस पर घर कदम रखते-न-रखते यह एक नया काण्ड। अब उसे हिताहित का भी ज्ञान न रहा। उसने एक बड़ी भारी कसम खाकर कहा, "ये लो, मैं चला अब सीधे थाने के दारोगा के पास। इसका नतीजा न चखाया तो मैं वृन्दावन सामन्त का लड़का ही नहीं।"

उसका साला पढ़ा-लिखा आदमी था और गया से उसकी पहले से ही दुश्मनी थी; उसने कहा, "कानूनन यह अनधिकार प्रवेश है। लाठी लेकर किसी के घर पर चढ़ आना, चीज-बस्त तोड़ना, औरतों पर हाथ उठाना—इसकी सजा है छः महीने की कैद। सामन्त साहब, तुम कमर कस के खड़े हो जाओ, फिर मै दिखा दूंगा कि बाप-बेटे दोनों कैसे एक साथ जेल में ठूंसे जाते हैं।"

शिबू फिर किसी बात की दुविधा न करके साले का हाथ पकड़कर सीधा चल दिया थाने को।

गंगामणि को सबसे ज्यादा गुस्सा था देवर और छोटी बहू पर। वह इसी बात का लेकर जबरदस्त तूफान खड़ा करने की गरज से, अपने दरवाजे पर सांकलन चढ़ाकर और हाथ में जलाने की एक लकड़ी लेकर शम्भू के आंगन में जाकर खड़ी हो गई। ऊंचे स्वर में बोली, "क्यों जी छोटे लाला, लड़के से मुझे मार खिलावाओगे? अब बाप-बेटे एक साथ हाजत में जाओ।"

शम्भू अभी हाल ही अपने इस दूसरे विवाह के लड़के के साथ फलाहार करके उठा था, भौजाई की मूर्ति और उसके हाथ में जलती लकड़ी देखकर हतबुद्धि-सा खड़ा रह गया। बोला, "हुआ क्या है? मुझे तो कुछ भी नहीं मालूम।"

छोटी बहू घर से निकलकर एक खम्भे के सहारे चुपचाप खड़ी हो गई। शम्भू भीतर-ही-भीतर डर गया, उसने गंगामणि के पास आकर एक हाथ थामकर कहा, "अपनी कसम खाता हूं, बड़ी बहू, हम लोग कुछ भी नहीं जानते!"

बात सच्ची है, इस बात को बड़ी बहू खुद भी जानती थी; परन्तु तब उदारता का समय नहीं था। उस ने शम्भू के मुंह पर ही उस पर सोलहों आने दोष लादकर, झूठ-सच मिलाकर गयाराम की करतूत का बखान दिया। इस लड़के को जो जानते हैं, उनके लिए इस घटना पर अविश्वास करना कठिन था।

स्वल्पभाषिणी छोटी बहू ने अब अपना मुंह खोला; अपने पति से कहा, "कैसी भई, जो कहा था हो न गया...कितने दिन से कह रही हूं, ओ जी, उस डाकू को घर में मत घुसने दो, तुम्हारे छोटे बच्चे को नाहक मार-मारकर किसी दिन खून कर डालेगा। सो ध्यान में ही नहीं लेते, अब मेरी बात पक्की हो गई?"

शम्भू ने विनय के साथ गंगामणि से कहा, "तुम्हें मेरी कसम है भाभी, भइया सचमुच ही थाने चले गए क्या?"

देवर के करुण कंठ स्वर से कुछ नरम होकर बड़ी बहू ने जोर देते हुए कहा, "तुम्हारी कसम लालाजी, गए हैं। संग में हमारा पंचू भी गया है।"

शम्भू बहुत ही डर गया। छोटी बहू पति को लक्ष्य करके कहने लगी, "रोज-रोज कहा करती हूं, जीजी, नदी के उस पार कहीं सरकारी पुल बन रहा है, कितने ही लोग काम करने जाते हैं, वहीं ले जाकर उसे भी काम में लगा दो। वे चाबुक लगाएंगे और काम लेंगे, भागने का कोई रास्ता नहीं, दो ही दिन में सीधा हो जाएगा। सो तो नहीं, स्कूल भेज रहे हैं पढ़ने को। लड़का जैसे वकील-मुख्तार ही हो जाएगा।"

शम्भू ने कातर कंठ से कहा, "अरे, वहां क्या यों ही नहीं भेजा! सभी क्या वहां से घर लौट पाते हैं? आधे आदमी तो मिट्टी में दबकर न जाने कहां चले जाते हैं, कुछ पता ही नहीं लगाता।"

छोटी बहू ने कहा, "तो जाओ, बाप-बेटा मिलकर कैद भुगतो जाकर!"

बड़ी बहू चुप रही। शम्भू ने फिर उसका हाथ थामकर कहा, "मैं कहल ही छोकरे को ले जाकर पांचरा के पुल के काम में लगा आऊंगा भाभी, भइया को किसी तरह ठंडा कर लो। फिर कभी ऐसा नहीं होगा।"

उसकी स्त्री ने कहा, "लडाई-झगड़ा तो सब उस धींगरे के पीछे ही होता है। तुमसे भी तो कितनी ही बार कहा है जीजी, उसे घर में घुसने मत

दिया करो, ज्यादा सिर पर चढ़ाना ठीक नहीं। मैं कुछ कहती नहीं, इसी से; नहीं तो पिछले महीने तुम्हारे यहां से रात को मर्तबान केले की गहन कौन तोड़ लाया था? इसी डकैत का काम था। जैसा कुत्ता है, वैसा ही डंडा हुए बिना काम थोड़े ही चलता है। पुल के काम पर भेज दो, मुहल्ला सुख की नींद सोयेगा।"

शम्भू ने मां की कसम खाकर कहा कि कल जैसे होगा, लड़के को गांव से बाहर निकालकर तब वह पानी पीएगा।

गंगामणि इस बात पर भी कुछ नहीं बोली, हाथ की लकड़ी फेंककर चुपचाप घर चली गई।

पति, भाई-अभी तक किसी ने मुंह में पानी नहीं दिया। तीसरे पहर वह विषपाण मुख से उन्हीं को खिलौने की तैयारी कर रही थी, इतने में इधर-उधर झांकते हुए गयाराम ने प्रवेश किया। यह जानकर कि घर में और कोई नहीं है, उसने साहस से ताई के एकदम पीछे आकर कहा, "ताई!"

ताई चौंक पड़ी, मगर बोली नहीं। गयाराम पास ही थका हुआ-सा धप्प से बैठ गया। बोला, "अच्छा, जो कुछ है वही दे, मुझे बड़े जोर की भूख लगी है!"

खाने की बात सुनकर गंगामणि का शान्त क्रोध फिर से धधक उठा। उन्होंने गया की तरफ बिना देखे ही गुस्से के साथ कहा, "बेहया जलमुंहा, फिर मेरे पास आया—भूख लगी है। दूर हो, निकल यहां से!"

गया ने कहा, "निकल जाऊं तेरे कहने से?"

ताई ने डांटकर कहा, "हरामजादे, पाजी, मैं अब दूंगी तुझे खाना?"

गया ने कहा, "तू नहीं देगी तो कौन देगा? क्यों तू चूहे का नाम लेकर झूठ बोली? क्यों अच्छी तरह नहीं कहा कि बेटा, इसी से खा ले, आज और कुछ है नहीं। तब तो मुझे गुस्सा नहीं आता। दे न जल्दी, डायन, मेरा पेट जो जला जाता है!"

ताई कुछ देर मौसन रहकर मन-ही-मन जरा नरम होकर बोली, "पेट जल रहा है तो अपनी सौतेली मां के पास जा।"

सौतेली मां का नाम सुनते ही पल-भर में गया आगबबूला हो उठा। बोला, "उस अभागिन का अब मैं मुंह नहीं देखूंगा। मैं तो सिर्फ मछली

पकड़ने का कांटा लेने गया था, सो कहती है, 'निकल-निकल, अब जा जेल का भात खाने, जा!' मैंने कहा, 'मैं तेरा भात खाने नहीं आया, मैं जाता हूं ताई के पास।' मुंहजली कैसी शैतान है! उसी ने जाकर इतनी उलटी-सीधी भिड़ाई है, तभी तो बाबूजी ने आकर तेरे हाथ से पत्ते छीने थे!" इतना कहकर उसने जोर से जमीन पर पैर पटका और कहा "डायन, तू अपने-आप पत्ते लाने क्यों गई? झूठ-मूठ को जाकर अपनी इज्जत आप खोई। मुझसे क्यों नहीं कह दिया? उस बांस के झाड़ में आग लगाकर मैंने सब का सब न जला दिया तो मेरा नाम नहीं, देख लेना! उस अभागी ने मुझसे क्या कहा, जानती है, ताई? कहा है कि, तेरी ताई ने थाने में खबर दे दी है, दारोगा आकर मुझे बांध ले जाएगा। जेल में ठूंस देगा। सुन ली अभागी की बात!"

गंगामणि ने कहा, "तेरे ताऊ पंचू को साथ थाने गए ही हैं। तू मेरे ऊपर हाथ उठाता है, इतनी हिम्मत तेरी?"

पंचू मामा को गया बिलकुल ही देख नहीं सकता था। वह भी इसमें शामिल हुआ है, सुनकर उसके आग-सी लग गई। बोला, "क्यों तू गुस्से के बखत मुझे रोकने दौड़ी थी?"

गंगामणि ने कहा, "इसलिए तू मुझे मारेगा, क्यों? अब जा, हवालात में बंद रहता जाकर।"

गया ने ठेंगा दिखाकर कहा, "ऊंह, तू मुझे हवालात में देगी? देर न, देकर जरा मजा देखना! आप ही रो-रोकर मर मिटेगी, मेरा क्या होगा!"

गंगामणि ने कहा, "मेरी बला रोती है। जा, मेरे सामने से चला जा, कहती हूं, दुश्मन कहीं का!"

गया ने चिल्लाकर कहा, "तू पहले खाने को दे न, तब तो जाऊंगा। भोर में उठकर दो दाने मुरमुरों के ही तो खाये थे, भूख नहीं लगती मुझे?"

गंगामणि कुछ कहना ही चाहती थी, इतने में शिबू पंचू के साथ थाने से लौट आया और गया पर निगाह पड़ते ही वह बारूद की तरह जल उठा, बोला, "हरामजादे, पाजी कहीं के, फिर मेरे घर में आ घुसा! निकल, निकल यहां से! पंचू, पकड़ तो सूअर को।"

बिजली की तरह गयाराम दरवाजे से भाग खड़ा हुआ। चिल्लाता हुआ कह गया, "पंचुआ साले की टांग न तोड़ दी तो मेरा नाम नहीं।"

पलक मारते ही इतनी बातें हो गईं। गंगामणि को जबान हिलाने का भी मौका नहीं मिला। क्रोध में भरे हुए शिबू ने अपनी स्त्री से कहा, "तेरी शह पाकर ही तो ऐसा हो गया है। अब आइन्दा कभी हरामजादे को घर में घुसने दिया, तो तुझे बड़ी भारी कसम है।"

पंचू ने कहा, "जीजजी, तुम्हारा क्या बिगड़ेगा, हमारा ही सत्यानाश होगा! कब रात-बिरात में कहीं छिपकर टांग पर लट्ठ मार दे, कोई ठीक है!"

शिबू ने कहा, "कल सबेरे ही अगर पुलिस-पियादे लाकर उसे न बंधवाया तो मेरा....इतयादि-इत्यादि।

गंगामणि पत्थर-सी बैठी रही, एक शब्द भी उसके मुंह से न निकला; डरपोक पंचू उस दिन रात को घर नहीं गया, वहीं पर सो गया।

दूसरे दिन, करीब दस बजे दारोगा साहब बाकायदा दक्षिणा आदि लेकर पालकी पर सवार होकर दो कोस चलकर कांस्टेबिल और चौकीदारों के साथ सरे जमीन तहकीकत करने आ पहुंचे। अनाधिकार प्रवेश, चीज-वस्त का नुकसान, जलती लकड़ी से औरत को मारना, वगैरह बड़ी-बड़ी धाराओं के अभियोग थे, गांव-भर में बड़ी भारी हलचल-सी मच गई।

मुख्य आसामी गयाराम था, उसे हिकमत के साथ पकड़ लाया गया। वह पुलिस का कांस्टेबिल, चौकीदार वगैरह को देखते ही रो दिया; बोला, "मुझे कोई फूटी आंख नहीं देख सकते, इसी से ये मुझे हवालात में देना चाहते हैं।"

दरोगा वृद्ध आदमी थे। उन्होंने आसामी की उमर और रोना देखकर दयार्द्रचित्त से पूछा "तुमको प्यार नहीं करता, गयाराम?"

गया ने कहा, "सिर्फ मेरी ताई मुझे प्यार करती है, और कोई नहीं।"

दरोगा ने पूछा, "तो फिर ताई को मारा क्यों?"

गया ने कहा, "नहीं, मारा नहीं है।" गंगामणि किवाड़ की ओट में खड़ी थी, उस तरफ देखकर बोला, "तुझे मैने कब मारा है, ताई?"

पचू पास ही बैठा था, उसे जरा कटाक्ष से देखकर कहा, "जीजी हुजूर पूछ रहे हैं, सच बात कहना। उसने कल दोपहर को मकान में घुसकर लकड़ी से तुम्हें नहीं मारा था? धर्मावतार के सामने झूठ मत बोलना!"

गंगामणि ने अस्पष्ट आवाज में जो कुछ कहा, पंचू ने उसी को स्पष्ट

स्वर में दुहरा दिया, "हा, हुजूर, मेरी जीजी कहती है उसने मारा है।"

गया आगबबूला होकर चिल्ला उठा, "देख पंचुआ, तेरा मैंने पैर न तोड़ दिया तो..." गुस्से में उसकी बात पूरी न हो पाई, वह रो दिया।

पंचू उत्तेजित होकर बोल उठा, "देख लिया, हुजूर! देखा आपने, हुजूर के सामने ही कह रहा है, पैर तोड़ देगा, हुजूर के पीठ पीछे तो खून कर सकता है। उसे बांधने का हुक्म दिया जाए, हुजूर!"

दारोगा सिर्फ जरा मुसकराए। गया ने आंखें पोंछते हुए कहा, "मेरी अम्मा नहीं है, इसी से! नहीं तो..." अबकी बार भी उसकी बात पूरी न हो पाई। जिस मां की उसे याद तक नहीं, याद करने की कभी जरूरत भी नहीं पड़ी, आज आफत के दिन अकस्मात् उसी को याद करके वह झर-झर आंसू बहाता हुआ रोने लगा।

दूसरे आसामी शम्भू के खिलाफ कोई बात साबित ही नहीं हुई। दारोगा साहब अदालत में नालिश करने का हुक्म देकर रिपोर्ट लेकर चले गए। पंचू ने मामला चलाने और बाकायदा उसकी तदबीर करने की सारी जिम्मेदारी अपने ऊपर लेली, और वह चारों तरफ इस बात का ढिंढ़ोरा-सा पीटता फिरा कि उसकी बहन को बुरी तरह मारने के कसूर पर गया को बड़ी हो जाएगी।

परन्तु गया बिलकुल लापता है। पास-पड़ोस के लोग शिबू के इस आचरण की अत्यन्त निन्दा करने लगे। शिबू उनसे लड़ता फिरने लगा लेकिन उसकी स्त्री बिलकुल चुपचाप है। उस दिन गया की एक दूर के नाते की मौसी खबर पाकर शिबू के घर आई और उसकी स्त्री को जैसी मन में आई, भली-बुरी, खरी-खोटी सुनाकर चली गई, मगर गंगामणि बिलकुल मौन बनी रही। शिबू ने पड़ोसी से सब सुनकर गुस्से के साथ अपनी स्त्री से कहा, "तू चुपचाप सब सुनती रही, कुछ जवाब नहीं दिया गया?"

शिबू की स्त्री ने कहा, "नहीं।"

शिबू ने कहा, "मैं घर होता तो उस लुगाई को झाड़ू मारकर विदा करता।"

स्त्री ने कहा, "तो आज से तुम घर ही में बैठे रहा करो और कहीं न जाया करो।" यह कहकर वह अपने काम से चली गई।

उस दिन दोपहर को शिबू घर पर नहीं था। शम्भू आकर बांस के झाड़ से कई एक बांस काटकर ले गया। आवाज सुनकर शिबू की स्त्री ने बाहर आकर अपनी आंखों से ये यब देखा, परन्तु रोकना तो दूर रहा, आज वह पास तक नहीं फटकी, चुपचाप घर लौट आई। दो दिन बाद शिबू को पता लगा तो वह उछलने लगा। स्त्री से आकर बोला, "तेरे क्या कान फूट गए हैं? घर के बगल से वह बांस काटकर ले गया और तुझे कुछ मालूम ही नहीं?"

स्त्री ने कहा, "क्यों, मालूम क्यों नहीं होगा, मैंने अपनी आखों से सब देखा है।"

शिबू ने क्रुद्ध होकर कहा, "तो भी तूने मुझसे नहीं कहा?"

गंगामणि ने कहा, "कहती क्या! बांस का झाड़ क्या तुम्हारे अकेले का है? लालाजी का उसमें हिस्सा नहीं?"

शिबू मारे आश्चर्य के दंगं रहा गया, बोला, "तेरा क्या माथा खराब हो गया है?"

उस दिन शाम के बाद पंचू सरद-कचहरी से लौटकर हारा-थका-सा धूप में आकर बैठ गया। शिबू गाय-बैलों के लिए कड़वी कूट रहा था, अंधेरे में उसके मुंह और आंखों के मुस्कराहट पर उसकी निगाह नहीं पड़ी। उसने डरते हुए पूछा, "क्या हुआ?"

पंचू ने गम्भीरता के साथ जरा हंसते हुए कहा, "पंयू के रहते जो होना चाहिए, वही हुआ! वारंट निकलवाकर तब कही आ रहा हूं, अब वह है कहां, मालूम होते ही बस..."

शिबू को न जाने कैसी एक जिद-सी सवार हो गई थी। उसने कहा, "चाहे जितना खर्च हो जाए, लौंडे को एक बार पकड़वाना ही है। उसे जेल में ठुंसवाकर तब मैं और काम करूंगा।"

इसके बाद दोनों में तरह-तरह की सलाहें होने लगीं। रात के ग्यारह बज गए, पर भीतर से खाने का तकाजा न आते देख शिबू को आश्चर्य हुआ। उसने रसोईघर में जाकर देखा बिलकुल अन्धेरा है।

सोने की कोठरी में जाकर देखा, स्त्री जमीन पर चटाई बिछाकर सो रही है। क्रोध और आश्चर्य से उसने पूछा, "खाने को हो गया, तो हमें

बुलाया क्यों नहीं?"

गंगामणि ने धीरे से करवट लेते हुए कहा, "किसने बनाया जो हो गया?"

शिबू ने कड़ककर पूछा, "बनाया ही नहीं अभी तक?"

गंगामणि ने कहा, "नहीं। मेरी तबीयत अच्छी नहीं, आज मुझसे नहीं बनेगा।"

मारे भूख के शिबू की नाड़ी तक जल रही थी, उससे अब सहा नहीं गया। पड़ी हुई स्त्री की पीठपर उसने एक लात जमाते हुए कहा, "आजकल रोज ही तबीयत खराब रहती है। नहीं बनेगा क्यों? नहीं बनेगा तो जा, निकल जा घर से!"

गंगामणि न तो कुछ बोली ही और न उठकर बैठी। जैसी पड़ी हुई थी, वैसी ही पड़ी रही। उस दिन रात को साले-बहनोई किसी ने भी कुछ नहीं खाया।

सवेरे देखा गया कि गंगामणि घर में नहीं है। इधर-उधर कुछ देर ढूंढने-ढांढने के बाद पंचू ने कहा, "जीजी जरूर हमारे यहां चली गई होगी।"

स्त्री के इस तरह के आकस्मिक परिवर्तन का कारण शिबू भीतर-ही-भीतर समझ गया था; इसी से एक ओर उसकी झुंझलाहट जैसे उत्तरोत्तर बढ़ने लगी, नालिश-मुकदमे की तरफ झुकाव भी वैसा ही धीरे-धीरे घटने लगा। उसने सिर्फ इतना कहा, "चूल्हे में जाए, ढूंढ़ने की जरूरत नहीं।"

शाम को खबर मिली कि गंगामणि मां के घर भी नहीं गई। पंचू ने भरोसा देकर कहा, "तो फिर बुआ के घर चली गई।"

उसकी एक बुआ धनी घर में ब्याही थी। गांव से करीब पांच-छः कोस की दूरी पर एक गांव में वह रहती हैं। पूजा-परब आदि उत्सवों मे वे कभी-कभी गंगामणि को लिवा ले जाया करती हैं। शिबू अपनी स्त्री को बहुत ज्यादा चाहता था। उसने मुंह से कह तो दिया कि जहां खुशी हो, जाने दो! मरने दो! पर भीतर-ही-भीतर वह पछता रहा था और उत्कंठित हो उठता था। फिर गुस्से में पांच दिन बीत गए। इधर कामकाज और गाय-बैलों के मारे गिरस्ती का काम बिलकुल रुक-सा गया। अन्त में यह हालत हो गई है कि दिन भी काटना मुश्किल हो गया।

सातवें दिन वह खुद तो नहीं गया, पर अपने पौरुष को गंगा में बहाकर उसने बुआ के घर बैलगाड़ी भेज दी।

दूसरे दिन सूनी गाड़ी आकर दरवाजे से लगी, खबर मिली कि वहां कोई नहीं है। शिबू सिर थामकर बैठ गया।

तमाम दिन खाना-पीना-नहाना कुछ भी नहीं, मुर्दे की तरह एक तख्त पर पड़ा रहा; इतने में पंचू ने अत्यन्त उत्तेजित भाव से घर में घुसकर कहा, "सामन्त साहब, पता लगा गया।"

शिबू भड़भड़ाकर उठकर बैठ गया, पूछा, "कहां, किसने खबर दी? बीमार-ईमार तो कुछ नहीं हुई? गाड़ी लेकर चलो न, दोनों जने अभी चले चलें।"

पंचू ने कहा, "जीजी की बात नहीं कर रहा हूं, गया का पता लग गया।"

शिबू फिर पड़ रहा, कोई बात उसने नहीं की।

तब पंचू बहुत तरह से समझाने लगा कि, "इस मौके को किसी भी तरह हाथ से नहीं जाने देना चाहिए। जीजी तो एक न एक दिन आ ही जाएंगी, मगर तब फिर इस बदमाश को पाना मुश्किल हो जाएगा।"

शिबू ने उदास कण्ठ से कहा, "अभी रहने दो, पंचू! पहले वह लौट आवे, उसके बाद..."

पंचू ने बाधा देते हुए कहा, "उसके बाद फिर क्या होगा, सामन्त जी? बल्कि जीजी के आने से पहले ही काम खत्म कर डालना चाहिए। उनके आ जाने पर फिर शायद होगा ही नहीं।"

शिबू राजी हो गया। परन्तु अपने सूने घर की ओर देखकर दूसरे से बदला चुकाने का जोर उसे किसी भी तरह मिल ही नहीं रहा था। अब पंचू ही जोर लगाकर उससे काम ले रहा था।

दूसरे दिन रात रहते ही वे अदालत के पियादे वगैरह को लेकर निकल पड़े। रास्ते में पंचू ने सुनाया–बड़ी मुश्किल से खबर मिली है कि शम्भू ने उसे नाम बदलकर पांचला के सरकारी पुल के काम में भर्ती कर दिया है। वहां गिरफ्तार किया जाएगा।

शिबू बराबर चुप ही बना रहा था, अब भी चुप रहा।

जब वे उस गांव में घुसे, तब दोपहर हो चुकी थी। गांव के एक तरफ बड़ा भारी मैदान था, उसमें बहुत-से आदमी, लकड़ी, लोहा और कल-कारखाने का सामान भरा पड़ा था, चारों तरफ छोटी-छोटी झोंपड़ियां-सी बनी हुई थीं जिनमें मजदूर वगैरह रहते थे। बहत पूछताछ करने के बाद एक आदमी ने कहा, "जो लड़का साहब के बंगले में लिखा-पढ़ी का काम करता है वही तो? उसका घर वह रहा।" कहकर उसने एक छोटी-सी झोंपड़ी दिखा दी। समाचार पाकर वे दबे पांव चुपके से बड़ी मुश्किल से उस झोंपड़ी के सामने पहुंचे। भीतर गयाराम की आवाज सुनाई दी। पंचू मारे खुशी के फूलकर पियादे और शिबू के साथ वीर-दर्प से अकस्मात् झोंपड़ी का दरवाजा रोककर खड़ा हो गया पर ज्योंही उसकी निगाह भीतर गई, त्योंही उसका चेहरा विस्मय, क्षोभ और निराशा से काला स्याह पड़ गया। उसकी जीजी भात परोसकर एक हाथ से पंखा कर रही है और गयाराम बैठा खा रहा है।

शिबू को देखते ही गंगामणि ने सिर पर पल्ला खींचकर सिर्फ इतना ही कहा, "तुम लोग जरा ठंडे होकर नदी में नहा आओ, मैं तब तक फिर से चावल चढ़ाए देती हूं।"

प्रकाश और छाया

शुरू में ही अगर तुम जबान पकड़ लो कि ऐसा कभी ही नहीं सकता, तब तो मैं लाचार हूं और अगर कहो कि हो भी सकता है; दुनिया में कितना क्या-क्या होता है, सभी कुछ थोड़े ही जानता हूं, तो इस कहानी को पढ़ डालो। मेरा विश्वास है कि इससे किसी भी तरह की कोई बड़ी हानि न होगी और कहानी लिखने के लिए बैठते वक्त कुछ ऐसी प्रतिज्ञा तो कर ही नहीं ली है कि जो कुछ लिखूंगा, सब खालिस सत्य ही होगा। एक-दो लाइनें गलत हो तो हों, थोड़ा-बहुत मतभेद हो तो हो, इससे क्या बनता-बिगड़ता है।

हां, नायक का नाम है यज्ञदत्त मुखर्जी, मगर सुरमा उससे कहती है 'प्रकाश'। तो नायिका नाम तो सुन ही लिया, लेकिन यज्ञदत्त उसे 'छाया' कहकर पुकारता है। कुछ दिन तो उनमें भारी कलह रहा—कौन प्रकाश है और कौन 'छाया' किसी भी तरह इसकी मीमांसा नहीं हुई। अन्त में सुरमा ने समझा दिया—तुम्हारी सूक्ष्म बुद्धि में इतनी-सी बात नहीं आती कि तुम न हो तो मैं कहीं भी नहीं; परन्तु मेरे बिना रहे भी तुम चिरकाल चिरजीवी हो; इसी से तुम प्रकाश हो और मैं छाया!

यज्ञदत्त हंस दिया—"इकतरफा डिग्री पाना चाहती हो तो ले लो, मगर फैसला किसी काम का नहीं हुआ।"

"खूब हुआ है, बढ़िया हुआ है, बहुत अच्छा हुआ है, प्रकाश, अब लड़ने की जरूरत नहीं। तुम प्रकाश हो, मैं श्रीमती छाया हूं।" यह कहते हुए छाया ने नाना प्रकार से प्रकाश को तंग कर डाला।

कहानी का इतना तो हो गया। परन्तु अब तुम्हीं लोगों से द्वन्द्वयुद्ध न हो जाए, यही डर है। तुम कहोगे—ये लोग स्त्री-पुरूष हैं; मैं कहूंगा, स्त्री-पुरुष जरूर हैं, पर पति-पत्नी नहीं हैं। जरूर ही तुम आंखें चढ़ा लोगे, तो क्या

अवैध प्रेम है? मैं कहूंगा–बहुत ही शुद्ध प्रेम है। तुम लोगों को किसी भी तरह विश्वास न होगा; मुंह बनाकर पूछोगे–उमर क्या है? मैं कहूंगा–प्रकाश की उमर है तेईस साल और छाया है अठारह की।

इसके बाद भी गर सुनना चाहे, तो शुरू करता हूं।

यज्ञदत्त के छोटी-सी छंटी हुई दाढ़ी, आंखों पर चश्मा, सिर पर लेवेण्डर की सुगन्ध, चुनी हुई ढाके की धोती, शर्ट पर एसेन्स लगा हुआ, पैरों में मखमल के सलीपर, जिन पर छाया ने अपने हाथ से फूल काढ़ दिए हैं, लाइब्रेरी में भर-घर पुस्तकें हैं और हैं घर पर अनेक दासियां। टेबिल के किनारे बैठा हुआ यज्ञदत्त चिट्ठी लिख रहा है, सामने बड़ा भारी आईना है। परदा हटाकर छाया ने बड़ी सावधानी के साथ प्रवेश किया। उसकी तबीयत थी कि चुपचाप पीछे से आकर आंखें मींच लें; पर, पीठ के पास आकर हाथ बढ़ाते ही सामने शीशे पर नजर पड़ गई। देखा कि यज्ञदत्त उसके मुंह की तरफ देख-देखकर मुस्करा रहा है। सुरमा भी हंस दी; बोली, "क्यों, देख लिया?"

यज्ञदत्त–"यह क्या मेरा कसूर है?"

सुरमा–"तो किसका है?"

यज्ञदत्त–"आधा तुम्हारा है; और आधा शीशे का।"

सुरमा–"मैं उसे अभी ढके देती हूं।"

यज्ञदत्त–"ढक न दो, लेकिन बाकी के लिए क्या करोगी?"

सुरमा ने दो-तीन बार हिल-डुलकर कहा–"प्रकाश!"

यज्ञदत्त–"कहां, छाया!"

सुरमा–"तुम लटके क्यों जाते हो?"

यज्ञदत्त–"मुझे तो ऐसा नहीं मालूम होता।"

सुरमा–"तुम खाते क्यों नहीं?"

यज्ञदत्त हंसने लगा। बोला–"सुरो, झगड़ा करने आई हो?"

सुरमा–"हूं।"

यज्ञदत्त–"मैं इसके लिए राजी नहीं।"

सुरमा–"तुम ब्याह क्यों नहीं करोगे?"

यज्ञदत्त–"इसका जवाब तो हर रोज एक बार दिया करता हूं।"

सुरमा—"नहीं, करना ही पड़ेगा।"

यज्ञदत्त—"सुनो, तुम अपना ब्याह क्यों नहीं करतीं?"

सुरमा ने यज्ञदत्त के हाथ से चिट्ठी छीनकर कहा—"छिः विधवा का कहीं ब्याह होता है?"

यज्ञदत्त ने कुछ देर चुप रहकर कहा, "कौन जाने! कोई कहता है होतो है; कोई कहता है नहीं होता।"

सुरमा—"तो फिर मुझे इस निमित्त का भागी बनाने की कोशिश क्यों?"

यज्ञदत्त ने लम्बी सांस लेकर कहा—"तो क्या हमेशा मेरी सेवा करते-करते जीवन बिता दोगी?"

'हूं' कहकर वह टप-टप आंसू गिराती हुई रोने लगी।

यज्ञदत्त ने उसके आसूं पोंछते हुए कहा, "सुरो, तुम्हारे मन की साध क्या है, क्या मुझे साफ-साफ नहीं बताओगी?"

सुरमा—"मुझे वृन्दावन भेज दो।"

यज्ञदत्त—"मुझे छोड़कर रह सकोगी?"

सुरमा के मुंह से बात नहीं निकली। दाएं और बाएं दो-एक-बार सिर हिलाने के साथ ही उसकी आंखों का पानी झरने-सा बहने लगा।

सुरमा—"यज्ञ भइया, वह कहानी फिर से कहो न?"

यज्ञदत्त—"कौन-सी, सुरमा?"

सुरमा—"वही, मुझे जब वृन्दावन में खरीदा था। कितने रुपये में खरीदा?"

यज्ञदत्त—"पचास रुपयें में। मेरी उमर तब अठारह साल की थी। बी॰ए॰ का इम्तहान देकर पछांह की तरफ घूमने गया था। मां तब जिन्दा थीं, वे भी साथ थीं। एक दिन दोपहर को मालती-कुंज के पास से वैष्णवियों का एक दल गीत गाता हुआ जा रहा था, उसी में पहले-पहले मैंने तुम्हें देखा। यौवन की पहली सीढी पर पैर रखते ही दुनिया ऐसी सुन्दर सुहावनी दीखने लगती है कि सिर्फ अपनी आंखों से उसका माधुर्य पूरा-पूरा नहीं लूटा जा सकता। साध होती है, मन-की-सी और दो आंखें इसी तरह एक साथ ऐसी शोभा का सम्भोग कर सकें, अगर उसे समझ दे सकूं,....यह क्या सुरमा रोती हो?"

सुरमा–"नहीं, तुम कहो।"

यज्ञदत्त–"तुम तब तेरह वर्ष की नवीन वैष्णवी थीं। हाथ में तम्बूरा था और गीत गा रही थीं।"

सुरामा–"जाओ, मैं क्या गाना गा सकती हूं?"

यज्ञदत्त–"तब तो गा सकती थीं, "उस के बाद बहुत परिश्रम से तुम्हें पाया, तुम ब्राह्मण की लड़की थीं, बाल-विधवा। मां तुम्हारे तीर्थ में आकर फिर घर न लौट सकीं, स्वर्ग सिधार गईं। मैंने तुम्हें लाकर अपनी मां के हाथ सौंप दिया, उन्होंने छाती से लगा लिया। उसके बाद मरते समय वे फिर मुझे ही लौटा गईं।"

सुरमा–"यज्ञ भइया, तुम्हारा घर कहां है?"

यज्ञदत्त–"सुना है, किसन नगर के पास है कहीं।"

सुरमा–"मेरे और कोई नहीं है?"

यज्ञदत्त–"मैं हूं न, यही तो तुम्हारा सब कुछ है, सुरमा।"

सुरमा के पलक फिर भीग गए, बोली–"तुम मुझे फिर बेच सकते हो?"

यज्ञदत्त–"नहीं, सो नहीं कर सकता। अपने को बिना बेचे यह काम हरगिज नहीं हो सकता।"

सुरमा कुछ बोली नहीं, उसी तरह डबडबाई हुई आंखों से उसकी तरफ देखती रही। बहुत देर बाद धीरे से बोली–"तुम बड़े भइया हो, मैं छोटी बहन हूं, हम दोनों के बीच एक अच्छी-सी बहू ले आओ न, भैया।"

यज्ञदत्त–"क्यों भला?"

सुरमा–"दिनभर उसका साज-सिंगार करके उसे तुम्हारे पास लाकर बैठा दिया करूंगी।"

यज्ञदत्त–"सो क्या तुम पूरे मन से कर सकोगी?"

सुरमा ने मुंह उठाकर, उसकी आंखों में आंखें बिछाकर कहा–"मैं क्या ऐसी अधम हूं जो जलूंगी?"

यज्ञदत्त–"जलोगी नहीं, पर अपनी जगह तो लुटा दोगी?"

सुरमा–"लुटा क्यों दूंगी? मैं राजा का राजा ही रहूंगी, सिर्फ एक मत्री बहाल कर दूंगी। दोनों जनी मिलकर तुम्हारा राज्य चलायेंगी, बड़ा आनन्द आएगा।"

यज्ञदत्त—"देखो छाया, विवाह करने की मेरी इच्छा नहीं, पर हां, तुम्हें अगर एक साथी की जरूरत हो, तो ब्याह कर सकता हूं।"

सुरमा—"हां, जरूर करो, बड़ा आनन्द आएगा; दोनों जनी खूब मौज से दिन बिताएंगी।"

इतना कहकर सुरमा मन-ही-मन बोली; तीनों कुल में मेरे तो कोई है नहीं; मान-अभिमान हो, सो भी नहीं; लेकिन तुम क्यों मेरे कारण दुनिया-भर का कलंक बटोरोगे? देव हो तुम मेरे! तुम ब्याह करो, तुम्हारा मुंह देखकर मैं सब सह लूंगी।

कलकत्ता में ऐसे बहुत लोग हैं जो अपने पड़ोसी की भी खबर नहीं रखते, और बहुत से रखते हैं तो खूब रखते हैं। जो खबर रखते हैं, वे कहते हैं—"यज्ञदत्त बी॰ए॰ पास भले ही कर ले, पर है आवारा लड़का।" इशारे में वे सुरमा की बात का उल्लेख करते हैं। कभी-कभी यह बात सुरमा और यज्ञदत्त के भी कानों में पड़ जाती है। सुनकर दोनों हंसने लगते हैं।

परन्तु, तुम अच्छे हो चाहे बुरे, अगर बड़े आदमी हो तो तुम्हारे घर लोग आएंगे ही, खासकर औरतें। कोई कहती, "सुरमा तुम अपने भइया का ब्याह क्यों नहीं करवा देतीं?"

सुरमा जवाब देती—"करा दो न जीजी, अच्छी सी-लड़की देखके।"

जो सुरमा की सहेली होती वह हंस देती—"यही तो, अच्छी लड़की मिलना मुश्किल है। तुम्हारे रूप से जिसकी आंखें भरी हुई हैं; उसके..."

"हट, कलमुंही!" कहते-कहते सुरमा का सारा चेहरा स्नेह और गर्व से लाल हो उठता।

उस दिन दोपहर को टप-टप मेह बरस रहा था, सुरमा ने कमरे में घुसते ही कहा—"एक लड़की पसन्द कर आई हूं।"

यज्ञदत्त—"उफ्, माथे से एक चिन्ता हट गई। कहां, सुनूं तो सही?"

सुरमा—"उस मुहल्ले के मित्तिरों के यहां।"

यज्ञदत्त—"ब्राह्मण होकर कायस्थ के घर?"

सुरमा—"क्यों, कायस्थों के घर क्या बाम्हन नहीं रहते? उसकी मां वहां रसोई बनाने का काम किया करती थी। सुना है, लड़की बहुत अच्छी है। देख आओ, अगर मन में बैठ जाए तो घर ले आना।"

यज्ञदत्त–"मैं क्या ऐसा आभागा हूं कि दुनिया भर की भिखारिनों के सिवा मेरी गुजर ही न होगी?"

सुरमा–"भिखारिन बटोर लाना तुम्हारे लिए कुछ नया काम थोड़े ही है!"

यज्ञदत्त–"फिर!"

सुरमा–"नहीं, तुम जाओ, देख आओ। मन में जम जाए तो 'ना' मत करना।"

यज्ञदत्त–"मन में तो किसी हालात में जम ही नहीं सकती।"

सुरमा–"जम जायेगी जी, खूब जमेगी, एक बार देख तो आओ।"

छायादेवी ने फिर प्रकाश देव को ऐसा सजा दिया, खूब खुशबू वगैरह लगाकर, मांज-घिसकर, बाल काढ़कर, इस ढंग से आईने के सामने खड़ा कर दिया कि यज्ञदत्त को शरम मालूम होने लगी। बोला–"छिः यह तो बहुत ज्यादती हो गई।"

सुरमा ने कहा–"हो जाने दो, तुम देख आओ।"

गाड़ी पर सवार होकर यज्ञदत्त लड़की देखने चल दिया। रास्ते में एक मित्र को भी अपने साथ कर लिया–"चलो, मित्तिरों के यहां जलपान कर आएं।"

मित्र ने पूछा–"इसके माने?"

यज्ञदत्त–"उनके घर एक भिखारिन की लड़की है। उसके साथ ब्याह करना होगा।"

मित्र–"कहते क्या हो, यह सीख किसने दी?"

यज्ञदत्त–"तुम लोग जिसकी ईर्ष्या से मरे जा रहो हो, उसी छायादेवी ने।"

यज्ञदत्त अपने मित्र के साथ लड़की देखने मित्तिरों के घर पहुंचे। लड़की कार्पेट के आसन पर बैठी थी, कई बार की धुली देशी साड़ी पहने। उसके सूत कहीं-कहीं ऐसे बिखर गए थे जैसे जाली। हाथों में बिल्लौरी चूड़ियां थीं और तांबे के रंग के सोने के इंठे हुए कड़े, कहीं-कहीं उनके भीतर का चपड़ा दीख रहा था। माथे में इतना तेल था कि ललाट तक चक-चक कर रहा था और सिर के बीचों-बीच ठीक ब्रह्मतालु के ऊपर काठ-सा कड़ा

बंधा हुआ जूड़ा ऊंचा खड़ा था। दोनों मित्र उसे देखते ही मुस्करा दिये। हंसी को छिपाते हुए लड़की की तरफ देखकर यज्ञदत्त ने कहा–"क्या नाम है तुम्हारा?"

लड़की ने अपनी बड़ी-बड़ी आंखों को शान्त भाव से उसके मुंह पर रखते हुए कहा–"प्रतुल।"

यज्ञदत्त ने अपने मित्र को चुटकी भरकर मुस्कराते हुए कहा–"क्यों भाई, गदाधर तो नहीं?"

मित्र ने हल्का-सा एक धक्का देकर कहा–"ज्यादा बको मत, झटपट पसन्द कर डालो।"

"हां, अभी लो...."

"अच्छा....अच्छा, क्या पढ़ती हो?''

"कुछ नहीं।"

"और भी अच्छा है।"

"काम-काज करना आता है।"

प्रतुल ने सिर हिलाया। पास ही एक नौकरानी खड़ी थी, व्याख्या कर दी–बड़ी कमेरी लड़की है, बाबू जी ! रसोई बनाने, परोसने, घर के काम-धन्धे में अपनी मां के जैसी है और मुंह से तो इसके बात ही नहीं निकलती, बड़ी शान्त है।''

"सो तो देख ही रहा हूं। तुम्हारे बाप है?"

"नहीं।"

"मां भी मर गई है?"

"हां।"

यज्ञदत्त ने देखा कि उस गूंगी-बेवकूफ लड़की की आंखों में आंसू भर आए हैं, पूछा–"तुम्हारे क्या कोई भी नहीं है?"

"नहीं।"

"हमारे घर चलोगी?"

उसने गरदन हिलाई–"हां।" इतने में उसकी जंगले की तरफ निगाह पड़ी तो देखा कि खिड़की में से दो काली आंखें जैसे आग बरसा रही हों! उसने डरकर कह दिया, "नहीं"

बाहर आकर मित्तिर साहब से भेंट हुई।

"कैसी दिखी लड़की?"

"अच्छी है।"

"तो फिर ब्याह का मुहूर्त सुझवाया जाए?"

"हां-हां।"

बारह-तेरह वर्ष के लड़के के हाथ से जब कोई निर्दय रसहीन अभिभावक उसका अधपढ़ा कौतुकपूर्ण उपन्यास छीनकर छिपा देता है, तब उसकी जैसी हालत होती है, भीतर का प्राण व्याकुल भाव से उस शुष्क-मुख शंकित बालक को कभी इस कोठरी में दौड़ाता रहता है, डरती हुई उसकी तीव्र आंखों जैसे उस प्रिय पदार्थ को खोजने में व्यस्त और परेशान हो जाती हैं, और उसकी सर्वदा इच्छा होती रहती है कि किसी पर खूब गुस्सा होवे, उसी तरह सुरमा यज्ञदत्त के लिए छटपटाने लगी। वह क्या जाने क्या ढूंढ़कर निकालेगी। कुरसी, बेंच, शोफा, पलंग, कमरा, बरामदा–सभी चीजों पर वह नाराज हो उठी। सड़क की तरफ का एक भी जंगल उसे पसन्द न आया, कभी इस पर और कभी उस पर बैठने लगी।

यज्ञदत्त ने कमरे में प्रवेश किया।

"क्या हुआ, प्रकाश महाशय?"

प्रकाश का चेहरा गम्भीर हो गया।

सुरमा–"पसन्द आई?"

यज्ञदत्त–"आई।"

सुरमा–"कब का ब्याह है?"

यज्ञदत्त–"शायद इसी महीने में।"

निरानन्द उत्साह के साथ सुरमा पास आई, पर उसने किसी तरह का ऊधम नहीं किया, कहा, "तुम्हें मेरे सिर की कसम, सच बताओ।"

"कैसी आफत है, सच ही तो कह रहा हूं।"

"मेरा मरा मुंह देखो–बताओ, पसंन्द आ गई?"

"हां।"

सहसा सुरमा को मानो कोई शब्द ढूंढे नहीं मिला। बच्चे जैसे फटकार खाकर रोने पहले इधर-उधर गरदन हिलाकर कोई अर्थहीन बात कह डालते

हैं, सुरमा ने भी उसी तरह बच्चों जैसी गरदन हिलाकर गाढ़ी स्वर में कहा—"मैंने तो पहले ही कह दिया था!"

यज्ञदत्त अपनी ही चिन्ता में व्यस्त था; इसलिए समझ नहीं सका कि उसके कुछ मानी ही नहीं होते; क्योंकि पहले तो 'पसन्द ही होगी' ऐसी बात सुरमा ने कभी कही नहीं; दूसरे उसने खुद भी लड़की नहीं देखी; बल्कि ऐसी तो उसने बिलकुल आशा ही नहीं की थी कि इतनी जल्दी पसन्द आ जाएगी और सगाई भी पक्की हो जाएगी। उसी से वह दिनभर अपने कमरे में बैठकर इस बात की चिन्ता करने लगी। दो दिन बाद यज्ञदत्त के बहुत कुछ समझ में आ गया। बोला—"सुरो, यह ब्याह मत कराओ, बहन।"

सुरमा—"वाह, ऐसा भी कहीं होता है? सगाई जो पक्की हो गई है!"

यज्ञदत्त—"पक्की कुछ नहीं हुई।"

सुरमा—"नहीं, सो नहीं हो सकता, दुखिया लड़की को सुखी करना है, यह भी तो जरा सोचो; खासकर, वचन देकर मुकरोगे?"

यज्ञदत्त को प्रतुल कुमारी का मुखड़ा याद आ गया, उस दिन उसकी काली-काली आंखों में मानो उसने सहिष्णुता और शान्तभाव की निगूढ़ छाया देखी थी, इससे वह चुप हो रहा है। फिर भी बहुत-सी बातें सोचने लगा। सुरमा के बारे में ही ज्यादा सोचा। वर्षा के दिन सहसा बरसाती पतंगे जैसे घर-घर में भर जाते हैं, उसी तरह उसका मन भी बेचैनी से भर गया; और साथ ही उनका छिपा हुआ वास-गह्वर जैसे ढूंढ़े नहीं मिलता, उसी तरह सुरमा के मुंह की बातें हृदय की किस गुप्त आकांक्षा के भीतर से झुंड बांधकर निकलने लगीं, इसका भी कुछ पता नहीं लगा। उसकी आंखों पर ऐसा एक धुंधला-सा जाल पड़ गया कि उसे भी तरह सुरमा का चेहरा न दिखाई दिया।

ब्याह करके यज्ञदत्त बहू को घर ले आया। विकार-ग्रस्त रोगी के घर में कोई आदमी न रहने से जैसे वह अपनी सारी शक्तियों को एकत्र करके पानी के घड़े की तरफ दौड़कर उससे चिपट जाता है, सुरमा ने ठीक उसी तरह नई बहू को छाती से चिपटा लिया। अपना जितना भी जेवर था, सब उसे पहना दिया; और जितने कपड़े थे, सब उसके बॉक्स में भर दिए। सूखे मुंह से दिनभर बहू को सजाने की धूम देखकर यज्ञदत्त का मुंह इतना सा

निकल आया। गम्भीर स्वप्न तो सहा जा सकता है, क्योंकि असह्य होते ही नींद टूट जाती है; परन्तु जागते हुए स्वप्न देखने में तो दम अटकने लगता है; किसी तरह वह खत्म नहीं होता, और नींद भी नहीं टूटती। कभी मालूम होता है यह स्वप्न है, कभी मालूम होता है यह सत्य है। प्रकाश और छाया दोनों के ही ऐसा भाव आने लगा। दिन अपने कमरे में बुलाकर यज्ञदत्त ने कहा–"छाया!"

"क्या है, यज्ञ भइया?"

"'प्रकाश' नहीं कहा?"

सिर झुकाकर सुरमा ने कहा –"प्रकाश!"

यज्ञदत्त ने एक बार उसके मुंह की तरफ देखा; और दूसरे क्षण कह उठी–"वाह, मैं भी खूब हूं! बहू को अकेली छोड़ आई हूं।"

कहती हुई वह जल्दी से भाग गई।

गुस्से में अगर किसी अपरिचित भले आदमी के गाल में थप्पड़ मार दिया जाए और वह अगर शान्त भाव से क्षमा करके चला जाए, तो उस समय मन खराब हो जाता है, वैसे ही क्षमा प्राप्त अपराधी की तरह यज्ञदत्त का भी मन क्रमशः उत्साहहीन होने लगा। बार-बार यही मालूम होने लगा–उसने अपराध किया है और सुरमा उसे जी–जान से क्षमा कर रही है।

सुरमा सर्वआभरणों से भूषित नववधू को जबरदस्ती उसके पास बिठा देती। शाम होते ही बाहर से चट से ताला बन्द कर देती। यज्ञदत्त गाल पर हाथ रखकर सोचता रहा। बहू भी कुछ-कुछ समझ जाती है; वह सयानी लड़की नहीं है, फिर भी, है तो नारी; और साधारण स्त्री-बुद्धि से भगवान् किसी को भी वंचित नहीं रखते। वह भी सारी रात जागती रहती।

ब्याह हुए आज आठ दिन भी नहीं हुए, इतने ही में एक दिन सवेरे यज्ञदत्त ने सुरमा को बुलाकर कहा–"सुनो, वर्द्धमान में बुआजी को बहू दिखा लाऊं?"

दामोदर नदी के उस पार बुआ का गांव है। बुआ के घर पहुंचते ही यज्ञदत्त ने कहा–"बुआजी, बहू लाया हूं, देखो।"

बुला–"अरे, ब्याह कर लिया! ओ हो, जीओ, हजारी उमर हो! बड़ी अच्छी चन्दा-सी बहू है, अब आदमी की तरह घर-गिरस्ती चलाओ, बेटा!"

यज्ञदत्त–"इसलिए तो सुरमा ने ब्याह कराया है।"

बुआ–"अच्छा, सुरो ने यह ब्याह करवाया है?"

यज्ञदत्त–"उसी ने तो कराया है, पर तकदीर ही खराब निकली–इस बहू के साथ घर नहीं चल सकता।"

बुआ–"क्यों, सो क्यों?"

यज्ञदत्त–"जानती हो, बुआ, मेरा नर गण है और बहू का है राक्षसगण। एक साथ रहने से ज्योतिषी ने कहा, जिया न जिया।"

बुआ–"अरे बेटा, ऐसी बात..."

यज्ञदत्त–"तब जल्दी में ये सब बातें देखी नहीं गईं, अब यह तुम्हारे ही पास रहा करेगी, माहवारी पचार रुपये तुम्हें भेज दिया करूंगा, इतने से काम नहीं चल जाएगा, बुआ?"

बुआ–"हां, सो चल जाएगा। गंवई-गांव में विशेष कोई तकलीफ नहीं होगी। आहा, चांद-सी बहू है, बड़ी हो गई–क्यों रे जग्गू, कोई शान्ति-विधान कराने से काम नहीं चलेगा?"

यज्ञदत्त–"चल सकता है। मैं भट्टाचार्यजी से पूछकर, जैसा होगा, तुम्हें खबर दूंगा।"

बुआ–"अच्छा, सो देना, बेटा।"

शाम के वक्त बहू को पास बुलाकर यज्ञदत्त ने कहा–"तो तुम यहीं रहो।" उसने गरदन हिलाकर कहा–"अच्छा।"

"तुम्हें जब जिस चीज़ की जरूरत हो, मुझे खबर देना।"

"अच्छा।"

"तुम्हें चिट्ठी लिखना आता है?"

"नहीं।"

"तो फिर कैसे खबर दोगी?"

नववधू घर की पालतू हरिणी की तरह अपनी आंखों को पति के चेहरे पर गाड़ कर चुपचाप खड़ी रही। यज्ञदत्त मुंह फेरकर चला गया।

बुआजी के घर बहू खूब तड़के ही उठकर काम-काज में लग जाती है। बैठा रहना उसने सीखा ही नहीं। बिलकुल नई होने पर भी उसने परिचित की भांति घर का काम धन्धा शुरू कर दिया। दो-चार दिन में ही बुआजी

समझ गईं कि ऐसी लड़की सभी की कोख से नहीं होती।

बहू के पास बहुत गहने हैं; मुहल्ला-भर देखने आता है। किसी ने पूछा—"किसने दिया है बहू? तुम्हारे बाप ने?"

"मां-बाप मेरे नहीं हैं, ननदजी ने दिया है।"

दो-एक बराबर की उमरवालियों से मेल हो जाने पर खोद-खोदकर भेद जानने की कोशिश करने लगीं। पूछने लगी—"तुम्हारी ननद शायद खूब बड़ी आदमिन हैं?"

"हां।"

—"सब गहने उन्हीं के हैं?"

—"सब।"

—"वे नहीं पहनतीं?"

"विधवा हैं वे, पहनती नहीं।"

"कितनी उमर है, बहू?"

"हम लोगों से कुछ बड़ी होंगी। उन्हीं ने जबरदस्ती अपने भइया से मेरा ब्याह कराया है।"

"तुम्हारा वर उनका खूब कहना मानता है, क्यों?"

"हां, वे सती लक्ष्मी हैं, सभी उनसे प्रेम करते हैं।"

ऊपर के जंगले से सुरमा ने देखा, यज्ञदत्त घर लौट आए, पर साथ में बहू नहीं है। घर मे घुसते ही उसने पूछा—"भइया, बहू को कहां छोड़ आए?"

"बुआजी के घर।"

"साथ में ले क्यों नहीं आए?"

"रहने दो अभी, कुछ दिन बाद देखा जाएगा।"

बात सुरमा की छाती में चुभ गई। दोनों चुप बने रहे। प्रियजनों में बहस करते-करते अचानक झगड़ा हो जाने से जैसे दोनों कुछ देर तक क्षुणा मन से चुपचाप बैठे रहते हैं—ये दोनों जने भी कुछ दिन उसी तरह चुपचाप दिन बिताते रहे। सुरमा कहती, "नहा-धोकर खा-पी लो, बहुत अबेर हो गई है।" यज्ञदत्त कहता—"हां, जाता हूं।"

ऐसे ही कुछ दिन बीत गए।

एक साथ रहकर घर-गृहस्थी चलाने का काम हमेशा इस तरह नहीं हो

सकता, इसी से फिर मेल होने लगा। यज्ञदत्त फिर लाड़-प्यार के साथ बुलाने लगे–"ओ छाया!" मगर छाया अब 'प्रकाश' नहीं कहती। कभी 'यज्ञ भइया' कहती है, कभी सिर्फ 'भइया' कहकर पुकारती है।

एक दिन सुरमा ने कहा–"भइया, करीब तीन महीने होने आए, अब बहू को ले आओ।"

यज्ञदत्त बात टाल देता, "हां, सो आ जाएगी।" सुरमा उसके मन का भाव समझकर चुप रह जाती।

बुआ की चिट्ठी कभी-कभी आ जाया करती है। बुआ लिखती हैं, बहू को मलेरिया बुखार आने लगा; इलाज होना जरूरी है। मतलब समझकर यज्ञदत्त और कुछ रुपये ज्यादा भेज देता। फिर महीने भर कोई बात ही नहीं छिड़ती। इतने में ही एक दिन अकस्मात् चिट्ठी आई–बुआ मर गई।

यज्ञदत्त वर्द्धमान चला गया। जाते समय सुरमा ने सिर की कसम देकर कह दिया–बहू को लेते आना।

वर्द्धमान में, बुआ की तेरहीं हो जाने के बाद, एक दिन दोपहर को यज्ञदत्त बरामदे में खड़ा-खड़ा घर आने की बात सोच रहा था। आंगन में धान के भिसौरा के पास नई बहू खड़ी थी; उस पर उसकी निगाह पड़ गई। चार आंखें होते ही उसने हाथ से इशारा करके उसे पास बुलाया।

वह पास आ गई।

"क्यों?"

"आपसे कुछ कहूंगी।"

"अच्छी बात है, कहो।"

नई बहू ने घूंट-सा भरते हुए कहा–"एक दिन आपने कहा था, अगर मुझे कुछ जरूरत हो..."

यज्ञदत्त –"हां-हां, क्या जरूरत है, बताओ?"

बहू–"घर में सभी कोई कहा-सुनी करती रहती हैं, मैं बड़ी कुलच्छिनी हूं। इससे यहां अब रहने को जी नहीं करता।"

"कहां रहना चाहती हो?"

बहू–कलकत्ता में अगर कहीं भले घर में जगह मिल जाती....मैं तो सब काम करना जानती हूं।

यज्ञदत्त–"तुम अपने घर जाओगी?"

बहू–"मेरा अपना घर? कहां है सो? वे क्या अब रहने देंगे?"

यज्ञदत्त ने अपने हाथ से स्त्री का मुंह ऊंचा करके कहा–"मेरे घर चलोगी?"

बहू–"चलूंगी।"

यज्ञदत्त–"सुरमा तुम्हारे लिए बड़ी घबरा रही है।"

सुरमा के जिक्र से उसका चेहरा मारे खुशी के फूल उठा, "जीजी मेरी याद करती हैं?"

यज्ञदत्त–"खूब करती हैं।"

बहू–"तो ले चलिए।"

दुनिया में ऐसे भी एक तरह के आदमी हैं जिन्हें दूसरे के बारे में अपनी राय जाहिर करने की बुद्धि ही किसी तरह ढूंढे नहीं मिलती; किन्तु साथ ही मन में ऐसी एक सहज बुद्धि होती है कि वे उस पर निर्भर होकर अपने बारे में और किसी से सलाह लेने की कतई जरूरत नहीं समझते। नई बहू इसी कोटि की है। वह अपनी बात आप ही सोचती है, दूसरे से नहीं पूछती। उसने सोचकर कहा–"आप लोगों का अमंगल होने का बड़ा डर है मुझे, पर रहूं भी तो, कहां? नहीं तो मैं नीचे ही रहा करूंगी, सब काम-काज करने में नीचे आराम भी रहेगा।"

यज्ञदत्त–"ऊपर क्या तुम्हारे रहने का कमरा नहीं है?"

"है, पर नीचे के कमरे में ही अच्छी रहूंगी।"

यज्ञदत्त ने फिर कोई बात नहीं की। वह सोचने लगा, इसकी बातें तो बिलकुल बेवकूफों की-सी नहीं हैं, और कई बार मन में आई कि कह दे–वह कुलच्छिनी नहीं है, राक्षस गण वगैरह सब झूठ है। पर झूठ बोलने का कारण क्या था, सो कैसे बताया जाए? खासकर वह इस बात का भी भरोसा नहीं कर सका कि घर जाकर वह अपने पिछले और आगे के व्यवहार में अच्छी तरह सामंजस्य भी रख सकेगी।

सुरमा ने देखा कि बहू आ गई। उग्र नशे का पहला झोंका संभालकर अब वह स्थिर हो गई है। इसी से बहू को देखने के लिए उसने ज्यादती नहीं की। शान्त धीर भाव से प्रिय सम्भाषण किया; मौखिक ही नहीं–अन्तरंग

की मंलेच्छा उसके सूखे चेहरे पर फिर से ज्योति ले आई बोली—"बहू, तबीयत तो तुम्हारी वहां ठीक नहीं रही ?"

बहू ने सिर हालाकर कहा—"बीच-बीच में बुखार आ जाता था।"

सुरमा ने उसके माथे का पसीना पोंछकर कहा—"यहां इलाज होते ही सब अच्छा हो जाएगा।"

दोपहर को सुरमा को खबर लगी कि वहू के लिए नीचे का कमरा साफ हो रहा है; मारे अपमान के उसकी आखों में आंसू भर आए। किसी तरह उन्हें रोकते हुए वह यज्ञदत्त के पास जाकर बोली—"भइया, बहू क्या नीचे सोएगी?"

यज्ञदत्त ने पुस्तक पर से बिना आंख उठाये ही कहां—"वह तो यही कहती है।"

"तुम कुछ नहीं कहोगे?"

"मैं क्या कहूं? जिसके मन में जो आवे, करे।"

सुरमा लज्जा और धिक्कार से अपने को काबू में न रख सकी, उसके सामने ही रो दी और भाग खड़ी हुई।

ऊपर की यह वारदात नीचे तक न पहुंची।

नई बहू नये सिरे से घर के काम-काज में जुट पड़ी। क्रमशः धीरे-धीरे उसने सुरमा का सब काम अपने हाथ में ले लिया। सिर्फ ऊपर नहीं जाती, पति के साथ मुलाकात नहीं करती। धीरे-धीरे सुरमा ने भी ऊपर का जाना-आना छोड़ दिया। बहू प्रफुल्ल-गम्भीर दुख से काम करती, और सुरमा पास बैठी रहती। वह यह देखती कि काम करने में कितना सुख है, और दूसरी यह समझती कि काम की बहती धारा में कितना दुःख बहाया जा सकता है। दोनों में से कोई भी ज्यादा बातचीत नहीं करती फिर भी, उनमें परस्पर सहानुभूति क्रमशः गाढ़ी ही होती गई।

बीच-बीच में नई बहू को अकसर बुखार आता, और दो-चार दिन उपवास करने से अपने आप चला जाता। दवा खाने की ओर न उसकी प्रवृत्ति है और न खाती है। उस समय का काम-धन्धा नौकर-नौकरानियां ही करती हैं, सुरमा से होता नहीं, इच्छा होने पर भी यह उसके सामर्थ्य से बाहर की बात है।

सोने की प्रतिमा सुरमा देवी का अब न तो वह रंग है और न वह कान्ति। इतना लावण्य इन दो ही महीनों में न जाने कहां उड़ गया! बहू कभी-कभी कहती है, "जीजी, तुम दिन-पर-दिन ऐसी क्यों होती जाती हो?"

"मैं? अच्छा भाभी, दन्दुरुस्ती सुधारने के लिए अगर कहीं बाहर चली जाऊं, तो तुम्हें तकलीफ तो न होगी?"

"जरूर, होगी क्यों नहीं?"

"तो नहीं जाऊंगी।"

"नहीं जीजी, मत जाना, तुम दवा-दारू कराके यहीं अच्छी हो जाओ।"

सुरमा ने मारे स्नेह के उसका ललाट चूम लिया।

एक दिन सुरमा यज्ञदत्त के लिए थाली लगा रही थी। यज्ञदत्त उसका मलिन सूखा चेहरा सतृष्ण दृष्टि से देख रहा था। सूरमा के आंख उठाकर देखते ही उसने दीर्घ निःश्वास लेते हुए कहा—"मन में आता है मर जाऊं तो अच्छा।"

"क्यों?" कहते ही सुरमा की आंखों में आंसू भर आए।

"डरता हूं, न जाने और कब तक प्राणों का भार ढोना पड़ेगा!"

बन्दूक की गोली खाकर वन का पशु जैसे जमीन छोड़कर आसमान की ओर भागने के लिए जी-जान से उछल पड़ता है; किन्तु आसमान उसका कोई नहीं, इसलिए वह आश्रयशून्य मरणाहत जीव अन्त में चिर-आश्रय पृथ्वी को ही हृदय से लगाकर प्राण त्याग देता है, उसी तरह छटपटाती हुई सुरमा ने पहले तो आकाश की ओर देखा, उसके बाद ठीक उसी तरह जमीन पर लेटकर वह रोने लगी—"यज्ञ भइया, क्षमा करो, मैं तुम्हारी शत्रु हूं, मुझे और कहीं भेज दो, तुम सुखी होओ।"

कहीं नौकरानी न आ जाए, इस डर से यज्ञदत्त ने हाथ पकड़कर उसे उठा लिया। स्नेह से उसके आंसू पोंछते हुए कहा—"छिः,इस तरह लड़कपन नहीं किया करते।"

आंसू पोंछती हुई सुरमा झटपट कमरे में चली गई और उसने भीतर से दरवाजा बन्द कर लिया।

उसके बाद, एक दिन सुरमा ने बहू को अपने पास खींचकर धीरे से पूछा—"बहू भइया ने क्या तुमसे कभी कुछ कहा है?"

बहू ने सहज भाव से जवाब दिया—"कहेंगे क्या?"

"तो फिर तुम उनके पास जातीं क्यों नहीं? तुम्हारी क्या तबीयत नहीं होती जाने की?"

बहू को पहले तो शरम मालूम होने लगी; फिर सिर झुकाकर बोली—"होती तो है जीजी, लेकिन जाना तो नहीं हो सकता न!"

"क्यों, बहू?"

"तुम्हें याद नहीं?"

"नहीं तो!"

"अरे, शायद तुम भूल गई हो जीजी, मेरा जो राक्षस गण है और उनका नर गण है।"

"किसने कहा?"

"उन्हीं ने बुआजी से कहा था, इसी से तो..."

सुरमा के एकाएक रोंगटे खड़े हो गए, बोली—"यह तो झूठी बात है, बहू।"

"झूठी बात?"

आंखें फाड़कर वह सुरमा के मुंह ही ओर देखती रह गई। सुरमा के बार-बार रोंगटे खड़े होने लगे। बोली—"झूठ बात है बहू, बिलकुल झूठ!"

"मुझे विश्वास नहीं होता, वे झूठ बोलेंगे।"

सुरमा से अब न सहा गया। वह दोनों बहुओं से उसका दृढ़ आलिंगन करके फूट-फूटकर रोने लगी—"बहू, मैं महापातकिनी हूं।"

बहू ने अपने को छुड़ाकर धीरे से कहा—"क्यों, जीजी?"

"उफ्, उसे अब मत सुनो। मैं नहीं कह सकूंगी।"

आंधी की तरह सुरमा यज्ञदत्त के सामने आ पहुंचीं बोली—"बहू को इस तरह धोखे में रख छोड़ा है? उफ्, कैसे भयानक झूठे हो तुम!"

यज्ञदत्त दंग रह गया।

"यह क्या, सुरो!"

"कृतविद्य हो तुम, छिः-छिः, तुम्हें शर्म आनी चाहिए थी।" यज्ञदत्त कुछ मानी नहीं समझा, सिफ कडुवी बातें सुनने लगा।

"क्या सोचकर विवाह किया था? क्या सोचकर उसे छोड़े हुए हो?

....मेरे लिए? मेरा मुंह देखकर इस तरह धोखा देते आ रहे हो?"

"सुरमा, पागल हो गई क्या?"

"पागल मैं हूं? तुमसे मुझमें ज्यादा ज्ञान है, तो मुझे कहीं और भेज दो!" कहते हुए सुरमा की आंखें सुर्ख हो गईं, हांफती हुई बोली–"एक दिन भी नहीं रहना चाहती मैं, छिः-छिः।"

यज्ञदत्त ने बड़े जोर से चिल्ला कहा–"क्या कहती हो?"

"कहती हूं तुम झूठे हो, धोखेबाज हो!"

निमिषमात्र में यज्ञदत्त के माथे के अंदर आग-सी जल उठी; बिना कारण ही उसे मालूम हुआ, उसके भीतर की आत्मा बाहर निकलकर उसे युद्ध करने के लिए ललकार रही है। ज्ञान-शून्य होकर वह टेबिल पर रखा हुआ भारी 'रूलर' उठाकर जोर से चिल्लाता हुआ बोला–"मैं अधम हूं–मैं धोखेबाज हूं, झूठा हूं! और यह उसका प्रायचित्त करता हूं।"

कहते हुए यज्ञदत्त ने पूरी ताकत से उसे अपने सिर पर मार लिया। सिर फटकर झरझर खून बहने लगा। सुरमा अस्फुट स्वर से पुकार उठी–"मैया री!" उसके बाद वह बेहोश होकर जमीन पर गिर पड़ी। यज्ञदत्त ने उसे देखा, देखा कि स्वयं उसका तमाम मुंह खून से लथपथ हो गया है, आंखों में खून चले जाने से सब धुंधला सा-सा दिखाई देता है, वह उन्मत्त की तरह कहने लगा–"अब क्यों?" इतने में पीछे से किसी ने आकर पकड़ लिया। मुड़कर देखा, स्त्री है; रोता हुआ बोला–"तुम आ गईं?"

कंधे पर सिर रखकर वह बेहोश हो गया।

सुरमा जिस तरह नीचे से ऊपर भाग आई थी, नई बहू उससे आश्चर्यान्वित और शंकित होकर चुपके से उसके पीछे-पीछे आकर दरवाजे के पास बाहर खड़ी हो गई थी; उसने सब बातें सुनीं और सब देख लिया। बहुत-सा सत्य उसके माथे के भीतर सूर्य के प्रकाश की तरह स्पष्ट हो गया, उसकी भी छाती की धड़कन तेज हो गई, आंखों के बाहर कुहरा-सा छाया जा रहा थाः किन्तु उसने अपने को सम्हालकर इस विपत्ति के समय पति को गोद में ले लिया।

छः दिन बाद अच्छी तरह होश आने पर सुरमा ने पूछा, "भैया की तबीयत कैसी है?"

दासी ने जवाब दिया, “अच्छी है।”

“मैं देख आऊं।” कहती हुई सुरमा उठी, पर फिर पड़ रही।

दासी ने कहा–“तुम बहुत कमजोर हो अभी भी बुखार आ रहा है। उठो मत, डॉक्टर ने मना किया है।”

सुरमा ने आशा की कि यज्ञ भइया देखने आएंगे, बहू आएगी। एक दिन, दो दिन करते-करते एक सप्ताह बीत गया; तो भी कोई नहीं आया, किसी ने खबर तक नहीं ली।

बुखार अब नहीं आता, पर कमजोरी बहुत है। अब उठने की कोशिश करने से शायद उठ सकती; परन्तु, जबरदस्त अभिमान के कारण उठने की प्रवृत्ति ही नहीं हुई उसे। वह अपने मन-ही-मन उफन-उफनकर रोने लगी और आंखें पोंछकर सोचती, अपनी प्रकाश और छाया की कहानी।

दीप्त प्रकाश और गाढ़ी छाया लेकर उन लोगों ने खेल शुरू किया था, अब प्रकाश बुझता-सा जा रहा है। मध्याह्न का सूर्य पश्चिम की ओर झुक गया है, गाढ़ी छाया इसी से अस्पष्ट और विस्तृत होकर प्रेम के समान कंकालसार हो गई है। वह छाया अज्ञात अन्धकार की ओर मानो उसमें बिला जाने के लिए धीरे-धीरे खिसकती जा रही है। रोते-राते सुरमा सो गई।

देह पर गरम हाथ रखकर किसी ने बुलाया–“जीजी।”

सुरमा उठकर बैठ गई, बोली–“यह क्या, बहू?”

आंखें उसकी लाल सुर्ख हो रही थीं, मुंह सूखा, होंठों पर स्याही-सी पुत रही थी। सुरमा ने फिर पूछा–“क्यों बहू, क्या हुआ है तुम्हें?”

“क्या हुआ है मुझे? तुम मुझे इस घर में लाई थीं, इसी से कहने आई हूं तुमसे, जीजी, मुझे छुट्टी दे दो। मैं जाऊंगी?”

“क्यों बहन, कहां जाओगी?”

नई बहू सुरमा के पैरों पर सिर रखकर जमीन पर लेट गई।

सुरमा ने देखा कि उसकी देह आग-सी जल रही है। बोली–“यह नहीं! तुम्हें तो खूब बुखार चढ़ा हुआ है!” इतने में एक नौकरानी चिल्लाती हुई, बोली–“जीजी बहूजी कहां गईं? अरी मैया, बुखार की बेहोशी में भी आई हैं। आज आठ दिन हुए, बेहोश पड़ी हुई हैं। मैया! कैसे आईं यहां?”

“आठ दिन से बुखार है! डॉक्टर देख रहे हैं?”

"कोई नहीं, जीजी कोई नहीं देखता। परसों सबेरे भी बहूजी घंटे-भर तक नल के नीचे सिर किए बैठी रही थीं; इतना मना किया, पर एक न सुनी।"

शाम होने से पहले सुरमा यज्ञदत्त के कमरे में जाकर रो दी–"भइया, बहू का तो अब जीना मुश्किल है।"

"जीना मुश्किल है! क्या हुआ?"

"मेरे कमरे में चलकर देखो भइया, बहू का तो अब बचना मुश्किल है।"

दो-तीन डॉक्टरों ने आकर कहा–"जोर की बाय आ गई है।"

रात-भर यज्ञदत्त सिरहाने बैठा रहा, कितनी ही बार मुंह के पास मुंह ले गया, पर बहू पति को न पहचान सकी।

डॉक्टरों के चले जाने पर यज्ञदत्त रो उठा–"बहू, एक बार आंख खोलकर देखो, एक बार कह दो, क्षमा कर दिया।"

सुरमा पांव के पास कपड़ें में मुंह छिपाकर अस्फुट स्वर में बोली–"भाभी, क्यों ऐसी सजा दे चलीं?"

कौन बात करता? संपूर्णमान, अभिमान, अवज्ञा और अनादर को दूर हटाकर धीरे-धीरे वह अनन्त में विलीन हो गई।

सुरमा ने कहा, "भइया कहां हैं?"

दासी ने उत्तर दिया–"कल वे पछांह की तरफ कहीं चले गए हैं।"

"कब आएंगे?"

"मुनीमजी से कह गए हैं, जितने चाहो रुपये लेकर तुम्हारी जहां खुशी हो, वहां रहना।"

सुरमा ने आकाश की ओर देखा। देखा, संसार का प्रकाश बुझ गया है, सूर्य नहीं है, चन्द्र नहीं है, एक तारा भी नहीं दिखाई देता। अगल-बगल देखा, वह अस्पष्ट छाया भी न जाने कहां गायब हो गई है, चारों तरफ घोर अंधकार है। छाती की धड़कन भी मानो उसकी बन्द होना चाहती हैं, आंखों की ज्योति भी म्लान और स्थिर होना चाहती है।

दासी ने बुला–"जीजी!"

ऊपर को देखते हुए सुरमा ने पुकारा–"यज्ञ भइया!" उसके बाद वह धीरे-धीरे लुढ़क पड़ी।

एकादशी बैरागी

कालीदह ब्राह्मण-प्रधान गांव है। यहा के गोपाल मुखोपध्याय का लड़का अपूर्व बचपन से ही लड़कों का सरदार था। अब की बार जब वह पांच-छः बरस कलकत्ता के मेस में रहकर ऑनर-समेत बी॰ए॰ पास करके घर लौटा, तब गांव में उसकी प्रभाव-प्रतिष्ठा का कोई ठिकाना न रहा। गांव में एक जीर्ण-शीर्ण स्कूल था। बराबर की उमर वाले उसके साथियों ने इसी बीच में अपना पढ़ना-लिखना समाप्त करके, संध्या-पूजा छोड़कर, दस-आना बाल छंटवाना शुरू कर दिया था; परन्तु कलकत्ता से लौटते हुए इस ग्रेजुएट छोकरे के सिर के बाल समान और उसके बीचों-बीच एक मोटी चोटी की स्थापना देखकर-सिर्फ छोकरे ही क्यों, उनके बाप-ताऊ तक आश्चर्य से दंग रह गए। अपूर्व शहर की सभा-सोसाइटियों में शामिल होकर, ज्ञानी पुरुषों के भाषण सुनकर, सनातन हिन्दू धर्म के अनेक निगूढ़ रहस्यों का मर्मोभेद करके देश पहुंचा था। अब वह अनेक साथियों में इसी बात का मुक्त कण्ठ से प्रचार करने लगा कि इस हिन्दू धर्म के समान सनातम धर्म और नहीं है। कारण, इसकी प्रत्येक व्यवस्था विज्ञानसम्मत है। चोटी की वैद्युतिक उपयोगिता, शरीर-रक्षा के बारे में सन्ध्या-पूजा की परम उपकारिता, कच्चे केले खाने की रासायनिक प्रतिक्रिया इत्यादि अनेक अज्ञात तत्त्वों की व्याख्या सुनकर गांव के बच्चे, बूढ़े, जवान—सभी मुग्ध हो गए और उसका फल यह हुआ कि थोड़े ही समय के भीतर लड़कों ने चोटी से शुरू करके सन्ध्या-पूजा, एकादशी, पूर्णिमा और गंगास्नान तक की ऐसी धूम मचा दी कि उनके सामने घर की औरतों तक ने हार मान ली।

हिन्दू धर्म के पुनरुद्धार और देशोद्धार इत्यादि की जल्पना-कल्पना से युवकों में एकदम शोच मच गया। बड़े-बूढ़े कहने लगे, "हां, गोपाल मुखर्जी

के भाग्य को सराहेंगे! लक्ष्मीजी की जैसी सुदृष्टि है, सन्तान भी वैसी ही पैदा हुई! नहीं तो, आजकल के जमाने में इतनी अंगरेजी पढ़-लिखकर भी इस उमर में धर्म में ऐसी मति-गति कितनों में पाई जाती है!" लिहाजा देश में अपूर्व एक अपूर्व वस्तु हो उठा। उसकी हिन्दू धर्म-प्रचारिणी, धूम्रपान-निवारिणी और दुर्नीति-दलनी इन तीन-तीन सभाओं की उछल-कूद से गांव के किसान-मजदूरों का दल तक संत्रस्त हो उठा। पांच कौड़ी तेवर ने ताड़ी पीकर अपनी स्त्री को पीटा है, यह सुनकर अपूर्व ने पूरे दल-बल के साथ उसके घर जाकर उसे ऐसा डांटा-डराया कि दूसरे ही दिन उसकी स्त्री अपने पति को लेकर मायके भाग गई! भगा कावरा बहुत रात बीते, बम्बे से मछली पकड़कर घर लौटते समय, गांजे की झोंक में शायद 'विद्यासुन्दर' नाटक की मालिनी का गाना गा रहा था; ब्राह्मण पांडे के अविनाश ने वह सुन लिया तो उसने उसकी नाक से खून बहा दिया, तब कहीं छोड़ा! दुर्गा डोम का चौदह-पन्द्रह साल का लड़का बीड़ी पीता हुआ मैदान में जा रहा था; उस पर अपूर्व के दल के एक छोकरे की निगाह पड़ गई; बस उसने उसकी पीठ पर जलती हुई बीड़ी दाग कर फलक उठा दिया!

इस तरह अपूर्व की हिनदू धर्म-प्रचारिणी और दुर्नीति दलनी सभा ने भानमती के आम के पेड़ की तरह बात की बात में फूलों और फलों से कालीदह गांव को छा दिया। जब गांव की मानसिक उन्नति की तरफ नजर दौड़ाई गई तो अपूर्व ने देखा कि स्कूल की लाइब्रेरी में शशिभूषण के डेढ़ मानचित्र और बंकिमचन्द्र के अढाई उपन्यासों के सिवा और कुछ नहीं है। इस दीनता के लिए उसने हैडमास्टर को बहुत बुरी तरह फटकारा और वह स्वयं ही लाइब्रेरी के संगठन-कार्य में कमर कसकर लग गया। उसके सभापतित्व में चन्दे की लिस्ट, नियम-कानूनों की तालिका और पुस्तकों की सूची बनने में विलम्ब न हुआ। इतने दिनों तक लड़कों के धर्म-प्रचारक उत्साह को तो गांव वाले किसी तरह सहते आए थे; परन्तु अब दो-एक ही दिन के अन्दर उनका चन्दा वसूल करने का उत्साह गांव के नीच-ऊंच सभी गृहस्थों के लिए ऐसा भयानक हो उठा कि खाता बगल में दबाये किसी भी लड़के को आते देखते ही वे घरों के दरवाजे-जंगले सब कुछ बन्द कर देने लगे। साफ देखने में आया कि गांव में धर्म-प्रचार और दुर्नीति-दलन का

रास्ता जितना चौड़ा पाया गया था, लाइब्रेरी के लिए धन-संग्रह का मार्ग उसके शतांश का एक अंश भी प्रशस्त नहीं है! अपूर्व यह सोच ही रहा था कि क्या करना चाहिए, इतने में सहसा एक जबरदस्त सुमार्ग उसको दृष्टिगोचर हो गया।

स्कूल के पास ही एक परित्यक्त गिरा हुआ मकान था, उसकी ओर अपूर्व की दृष्टि आकृष्ट हुई। सुनने में आया कि वह 'एकादशी बैरागी' का मकान है। खोज करने पर मालूम हुआ कि कोई दस वर्ष पहले किसी एक गर्हित सामाजिक अपराध के कारण ग्राम के ब्राह्मणों ने, धोबी-नाई-मोची आदि बंद करके, उसे घर छुड़ाकर गांव से निर्वासित कर दिया और वह अब गांव से दो कोस उत्तर की ओर बारुईपुर गांव में रहता है। यह आदमी, सुनते हैं, रुपयों का 'घड़ियाल' है। इस कारण, लोगों की स्मृति से वह बिलकुल ही विलुप्त हो गया है। तब से 'एकादशी' नाम से बैरागी महाशय प्रसिद्ध हैं।

अपूर्व ने ताल ठोककर कहा—रुपये का घड़ियाल! सामाजिक कदाचार! तब तो, यही साला लाइब्रेरी का आधा भार उठाने के लिए बाध्य है। नहीं तो वहां भी धोबी, नाई, मोची बन्द। बारुईपुर के जमींदार तो जीजी के मामिया-ससुर हैं!

लड़के उन्मत्त हो उठे और शीघ्र ही डोनेशन (सहायता) की लिस्ट में बैरागी नाम पर एक मोटी-सी रकम चढ़ा दी गई। एकादशी से रुपये वसूल किए जाएंगे। न होंगे तो अपूर्व अपनी जीजी के मामिया ससुर से कहकर वहां के धोबी, नाई आदि बन्द करा देगा, इस समाचार के मिलते ही पं॰ रसिक स्मृतिरत्न लाइब्रेरी के मंगलार्थ स्वयं-प्रार्थी होकर परामर्श दे गए, कि देखना है खूब बड़ी रमक बिना दिये वह महापापी अपना यह कालीदह का घर कैसे बचाता है! गांव में न रहने पर भी घर से एकादशी की अत्यन्त ममता है, यह बात रसिक पंडित से छिपी न थी।

लगभग दो साल पहले, इस जमीन को खरीदकर अपने बगीचे में मिला लेने के लिए पंडितजी, भरसक कोशिश करके भी सफल-मनोरथ न हो सके थे। उनके प्रस्ताव करने पर उस समय एकादशी ने अत्यन्त साधु व्यक्ति की तरह कान में उंगली देकर कहा था, "ऐसी आज्ञा न दीजिएगा, पंडित जी महाराज, उस जरा-सी जमीन के बदले ब्राह्मण से दाम लेना, यह

मुझसे कभी न होगा। वह ब्राह्मणों की सेवा में लगता, तो मेरी सात पीढ़ियों का सौभाग्य होता।" इस पर स्मृतिरत्नजी ने अत्यन्त पुलकित चित्त से उसको देव-द्विज-भक्ति की लक्ष कोटि प्रशंसा करके असंख्य आशीर्वाद दे डाले। इसके बाद एकादशी ने हाथ जोड़कर सविनय निवेदन किया था, "परन्तु मैं ऐसा अभाग हूं पंडितजी, कि मेरी सात पीढ़ी से चला आया हुआ घर किसी भी तरह मुझसे नहीं छोड़ा जाता। पिताजी मरते समय सिर की सौगन्ध देकर कह गए थे–खाने को भी न मिले बेटा, तो भी अपना घर मत छोड़ना!" इत्यादि-इत्यादि। उस विद्वेष को स्मृतिरत्नजी भूले नहीं हैं।

पांचेक दिन बाद एक दिन सवेरे अपूर्व का दल दो कोस पैदल चलकर एकादशी के दरवाजे पर जाकर हाजिर हो गया। मिट्टी का घर था; पर खूब साफ-सुथरा। देखने से मालूम होता था कि लक्ष्मी का निवास है। अपूर्व या उसके दल के और किसी ने एकादशी को पहले कभी देखा नहीं था; इसलिए चण्डी मण्डप में पैर रखते ही उनका मन अरुचि से भर गया। यह आदमी चाहे रुपयों का घड़ियाल हो, चाहे मगरमच्छ; पर यह तो निःसन्देह है कि लाइब्रेरी के लिए इससे नन्हीं-सी मछली का काम नहीं निकल सकता!

एकादशी के महाजनी का पेशा होता है। उमर साठ से ऊपर हो गई है। उसका सारा शरीर जैसा कृश है, वैसा ही शुष्क। गला तुलसी की मालाओं से भरा रहा है। दाढ़ी-मूंछ सफाचट और चेहरे की तरफ देखने से मालूम नहीं होता कि कहीं भी उनमें लेशमात्र भी रस-कस है। ईख मशीन के पोषण से अपना रस निकालकर जैसे अन्य में खुद ही ईंधन बन के उसे जलाकर सुखा देती है; उसी तरह यह आदमी भी मानो मनुष्य को जलाकर शुष्क कर डालने के लिए ही अपने सम्पूर्ण मनुष्यत्व को निचोड़कर विसर्जन करने के लिए महाजन बना बैठा है। उसका सिर्फ चेहरा देखकर ही अपूर्व का मन ठण्डा हो गया। चण्डी मण्डप में एक मामूली-सा फर्श बिछा हुआ है। बीच में एकादशी विराजमान है। उसके सामने एक लड़की का हाथ-बाक्स है और एक तरफ बहीखातों का ढेर लगा है। एक बूढ़ा-सा गुमाश्ता गले में जनेऊ लटकाए उघड़े बदन बैठा स्लेट पर ब्याज का हिसाब लगा रहा है; और सामने अगल-बगल बरामदे में, खंभों की ओट में, नाना अवस्था के स्त्री-पुरुष म्लान मुंह लिये बैठे हुए हैं। कोई कर्ज लेने, कोई ब्याज देने और

कोई सिर्फ मुद्दत बढ़ाने की भीख मांगने आया है; मगर कर्ज चुकाने के लिए कोई बैठा हो, ऐसा तो किसी के चेहरे से नहीं मालूम हुआ।

अकस्मात् बहुत-से अपरिचित शरीफ घरों के लड़कों को देखकर एकादशी ने आश्चर्यचकित होकर उनकी तरफ देखा। गुमाश्ते ने स्लेट रखते हुए कहा—"कहां से आ रहे हैं?"

अपूर्व ने कहा—"कालीदह से।"

"महाशय, आप लोग...?"

"हम सभी ब्राह्मण हैं।"

ब्राह्मण का नाम सुनते ही एकादशी ने बड़ी इज्जत के साथ खड़े होकर गरदन झुकाकर प्रणाम किया; और कहा—"बैठने की आज्ञा हो।"

सबके बैठ जाने पर एकादशी खुद भी बैठ गया। गुमाश्ते ने प्रश्न किया—"आप लोगों को क्या चाहिए?"

अपूर्व ने लाइब्रेरी की उपयोगिता के सम्बन्ध में थोड़ी-सी भूमिका बांधकर चन्दे की बात छेड़ी तो देखा कि एकादशी की गरदन दूसरी तरफ मुड़ गई है। वह खंभे के पीछे बैठी हुई स्त्री को सम्बोधित करके कह रहा है, "तुम क्या पागल हो गई हो, हारू की मां? ब्याज तो हुआ सिर्फ सात रुपये दो आने सो उनमें से दो आने छुड़वा लोगी! इससे तो गले पर पैर दे जीभ निकालकर मुझे मार ही क्यों नहीं डालतीं?"

इसके बाद दोनों ने ऐसी खींचा-तानी शुरू कर दी, मानो, इन्हीं दो आने पैसों पर उनका जीवन निर्भर हो। मगर हारू की मां जैसी दृढ़ प्रतिज्ञा थी, एकादशी भी वैसा ही अटल था। देर होते देख अपूर्व उन दोनों की वाग्वितण्डा के बीच में ही बोल उठा—हमारी लाइब्रेरी के बारे में...

एकादशी ने मुखातिब होकर कहा—"जी, अभी सुनता हूं, क्यों रे नफर, तू क्या हमें सिर पर पांव रख के डुबो देना चाहता है? वे दो रुपये तो अभी तक चुकाए नहीं, फिर और एक रुपया मांगने किस मुंह से चला आया? हम पूछते हैं, ब्याज-याज भी कुछ लाया है?"

नफर के अंटी में से एक आना पैसा निकालकर देते ही एकादशी ने त्योरियां चढ़ाते हुए कहा—"तीन महीने न हो गए रे और दो पैसे कहां हैं?"

नफर ने हाथ जोड़ते हुए कहा—"और नहीं हैं, मालिक, धाड़ा के

लड़के से न जाने कितने हाथ-पांव जोड़कर एक आना उधार लाया हूं, बाकी दो पैसे अगली हाट के दिन दे जाऊंगा।"

एकादशी ने गरदन बढ़ाकर उसकी अंटी की तरफ देखते हुए कहा—"देखूं तेरी वह अंटी।"

नफर ने अपनी बांयीं ओर दिखाकर अभिमान के साथ कहा—"दो पैसे के लिए झूठ बोलूंगा, मालिक? जो ससुरा पैसे लाकर भी तुम्हें धोखा दे, उसके मुंह में कीड़े पड़ें—कह दिया मैंने।"

एकादशी ने तीक्ष्ण दृष्टि से देखते हुए कहा—"जैसे तू चार पैसे उधार ला सका वैसे ही और दो पैसे तुझसे नहीं लाते बने?"

नफर ने गुस्से में आकर कहा—"कसम न खा रहा हूं, मालिक! मुंह में कीड़े पड़ें।"

अपूर्व की देह में आग लग रही थी, उससे और नहीं सहा गया, वह बोल उठा—"आप तो अच्छे आदमी मालूम होते हैं!"

एकादशी ने अपूर्व की तरफ सिर्फ एक बार देख-भर लिया, कुछ कहा नहीं। परान बाग्दी सामने के आंगन से जा रहा था; एकादशी ने हाथ के इशारे से उसे बुलाकर कहा—"परान, नफर की कांछ तो जरा खोल कर देख ले, पैसे दो बंधे हैं या नहीं?"

परान के आगे बढ़ते ही नफर ने गुस्से में आकर अपनी काछ की खूंट में से दो पैसा खोलकर एकादशी के सामने फेंक दिए। एकादशी को उसकी इस बेअदबी पर जरा भी गुस्सा न आया! गम्भीरता के साथ दो पैसे बाक्स में डालकर उसने गुमाश्ते से कहा—"घोषालजी, नफर के नाम सूद जमा कर लीजिए। और क्यों, एक रुपया लेकर तू अब क्या करेगा रे?"

नफर ने कहा—"बिना जरूरत के ही थोड़ी आया हूं, साहब?"

एकादशी ने कहा—"आठ आना ले जा ना, पूरा रुपया ले जाकर तो इधर-उधर कर देगा, और क्या?"

उसके बाद बहुत घिसा-घिसी करके नफर चौधरी बारह आने कर्ज लेने में सफल हुए।

अबेर बहुत हो रही थी। अपूर्व के साथी अनाथनाथ ने चन्दे की लिस्ट एकादशी के सामने फेंककर कहा—"जो देना है, दे दीजिए साहब, हम अब

और नहीं ठहर सकते।"

एकादशी ने लिस्ट उठाकर करीब पन्द्रह मिनट तक उनसे शुरू से आखिर तक खूब अच्छी तरह गौर के साथ देखा। अन्त में एक सांस लेकर उसे वापस करते हुए कहा—"मैं बूढ़ा आदमी हूं, मुझसे चन्दा क्यों?"

अपूर्व ने किसी तरह अपने गुस्से को सम्भालते हुए कहा—"बूढ़े आदमी रुपया न देंगे, तो क्या छोटे लड़के देंगे? वे पाएंगे कहां, आप ही बताइए?"

बूढ़े ने इसका कोई उत्तर न देकर कहा—"स्कूल को तो बीस-पचीस साल हो गए—कहां, इतने दिनो से तो किसी ने लाइब्रेरी की बात नहीं उठाई, बाबा? खैर, जाने दो, यह कोई बुरा काम नहीं, हमारे लड़के-बच्चे किताबें पढ़ें चाहे न पढ़ें, हमारे गांव के लड़के तो पढ़ेंगे। क्या कहते हो, घोषाल जी?"

घोषाल ने गरदन हिलाकर क्या कहा, कुछ समझ में न आया।

एकादशी ने कहा—"अच्छा चन्दा तो दे दूंगा मैं, किसी रोज आकर ले जाइएगा चार आने पैसे। क्यों घोषाल जी, इससे कम तो अच्छा नहीं मालूम होता! इतनी दूर से आकर लड़कों ने घेरा है, कुछ भी हो, नाम फैला हुआ है, इसी से तो! और भी लोग हैं, उनके पास तो कोई मांगने नहीं जाता—क्यों जी, है कि नहीं?"

मारे गुस्से के अपूर्व के मुंह से बात नहीं निकली। अनाथ ने कहा, "इन्हीं चार आने पैसों के लिए हम लोग इतनी दूर से आए हैं? सो भी और किसी दिन आकर ले जाने होंगे?"

एकादशी मुंह से एक शब्द कर के सिर हिला-हिलाकर कहने लगा, देख तो ली हालत आपने, हक के छः पैसे वसूल करने में नालायकों से कैसा का ओछापन करना पड़ता है! सो, इस पाट के बिके बिना तो देने सुभीता. .."

मारे गुस्से के अपूर्व के ओंठ कापने लगे ; बोला—"सुभीता तो सब हो जायेगा जब यहां भी नाई-बोधी बन्द कर दिए जाएंगे। नीच पिशाच कहीं का, सारी देह में तिलक-चन्दन लगाकर जात खोकर वैष्णव भगत बन बैठा है, अच्छा!"

विपिन ने खड़े होकर एक उंगली उठाकर धमकाते हुए कहा—"बारुईपुर

के राखालदास बाबू हमारे सम्बन्धी हैं याद रहे बैरागी!"

बूढ़ा बैरागी इस अचिन्तनीय कांड से हतबुद्धि होकर देखता रह गया। पर गांव के लड़कों के अकस्मात् इतने क्रोध का कारण उसकी समझ में ही नहीं आया। अपूर्व ने कहा—"गरीबों का खून चूस-चूसकर मोटा होना तुम्हारा निकालेंगे, तब छोडेंगे।"

नफर अब तक बैठा था; उसकी कांछ में से दो पैसे निकलवा लेने के कारण गुस्से में वह भीतर-ही-भीतर उफन रहा था। उसने कहा, "जो कहा मालिक ने, ठीक कहा। बैरागी नहीं, पिशाच है। देख तो लिया आंखों के सामने किस तरह मुझसे दो पैसे वसूल कर लिये!"

बूढ़े पर फटकार पड़ने से उपस्थित सभी कोई मन-ही-मन निर्मल आनन्द का उपभोग करने लगे। उनके चेहरे का भाव ताड़कर विपिन उत्साहित होकर आंख मिचकाता हुआ बोल उठा, "तुम लोग तो भीतर की बातें जानते नहीं—लेकिन हमारे तो ये गांव के आदमी हैं, हम लोग सब जानते हैं। क्योंजी बुढ़ऊ, हमारे गांव में क्यों तुम्हारे नाइ-धोबी बन्द किए गए थे, कह दूं?"

बात पुरानी थी। सब कोई जानते थे, एकादशी सदगोपों के घर पैदा हुआ है—जात-वैष्णवों में नहीं। उसकी एकामात्र सौतेली बहन प्रभोलन में पड़कर कुल के बाहर निकल गई; और अब एकादशी उसे बड़े दुःख से बहुत ढूंढ़-खोजकर वापस लाया। परन्तु इस कुत्सित आचरण से गांव के लोग विस्मित और अत्यंत क्रुद्ध हो उठे। फिर भी, एकादशी बिना मां-बाप की एक सौतेली छोटी बहन को किसी भी तरह न छोड़ सका। संसार में उसके और कोई भी न था, इसी को उसने बचपन से गोदों खिला-पिलाकर इतना बड़ा किया था; बड़े ठाट-बाट से ब्याह किया था और फिर-कम उमर में विधवा हो जाने पर, अपने इसी भइया के घर आकर वह आदर-जतन के साथ रहने लगी थी। उमर और बुद्धि के दोष से उस बहन के इतने जबरदस्त पद-स्लखन से बूढ़े बेचारे ने रोते-रोते घर भर दिया। खाना-पीना छोड़कर गांव-गांव और शहर छानकर अन्त में जब बहन का पता लगा कर उसे घर वापस ले आया तब गांववालों के निष्ठुर शासन को सिर-माथे रखकर अपनी इस लज्जिता, अत्यन्त अनुत्तप्त, अभागिनी बहन को फिर घर से निकालकर

खुद प्रायश्चित करके जात में शामिल होने के लिए वह किसी भी तरह राजी न हो सका। उसके बाद गांव में उसके नाई-धोबी आदि बन्द कर दिए। अन्त में, एकादशी निरुपाय हो भेष लेकर वैष्णव हो गया और इस बारुईपुर में भाग आया। इस बात को सभी जानते थे; फिर भी किसी दूसरे आदमी के मुंह से उस कलंक-कहानी का माधुर्य लेने के लिए लोग उद्ग्रीव हो उठे। परन्तु एकादशी लज्जा से, भय से बिलकुल सिटपिटा-सा गया। पर वह अपने लिए नहीं, अपनी छोटी बहन के लिए। प्रथम यौवन के अपराध ने गौरी के हृदय के भीतर जो गहरा घाव कर दिया था, आज भी वह वैसे का वैसा बना हुआ है—जरा भी सूखा नहीं है; बृद्ध एकादशी इस बात को अच्छी तरह जानता है। कहीं का कोई जरा-सा इशारा भी गौरी के कानों तक जाकर उसके दर्द को हिला-डुलाकर ताजा न कर दे—इस आशंका से एकादशी विवर्णमुख चुपचाप टुकुर-टुकुर देखता रहा। उसकी इस सकरुण दृष्टि की नीरव विनीत प्रार्थना पर और किसी की निगाह नहीं पड़ी; पर अपूर्व सहसा इस बात को ताड़ गया और मारे आश्चर्य के अवाक् हो गया।

विपिन कहने लगा—"हम लोग क्या भिखारी हैं, जो ऐसी कड़ी धूप में दो कोस रास्ता पैदल आकर चार आने पैसे भीख मांगने आए हैं? सो भी आज नहीं, न जाने कब किस आसामी का पाट बिकेगा, उसका पता लगाकर हम लोगों को और एक दिन पैदल दौड़ना पड़ेगा, तब कहीं अगर बाबू साहब की मेहरबानी हो जाए! लेकिन लोगों का खून चूसकर जो सूद खाया करते हो बुड्ढ़े, सोचा होगा, कि जोंक पर जोंक नहीं बैठती, क्यों? अगर मैं यहां भी तुम्हारा हाल-बेहाल न कर दूं तो मेरा नाम विपिन भट्टाचार्य नहीं। छोटी जात के पास पैसा हो गया है न, इसीलिए आंख-कान से दिखाई-सुनाई नहीं देता, क्यों?-- चलो जी अपूर्व, हम लोग चलें, फिर जो कुछ करना होगा, किया जाएगा।" कहकर वह अपूर्व का हाथ पकड़कर खींचने लगा।

करीब ग्यारह बज चुके थे; खासकर इतना रास्ता पैदल आने के कारण अपूर्व को बहुत जोर से प्यास लग रही थी; और कुछ देर पहले उसने नौकरानी से पानी लाने को कह दिया था। उसके बाद इस कलह-विवाद में उसकी उसे याद ही नहीं रही। इतने में एक हाथ में पानी का गिलास और

दूसरे हाथ में बताशों से भरी रकाबी लिये हुए सत्ताईस-अट्ठाईस वर्ष की विधवा स्त्री ने जब पास के दरवाजे से प्रवेश किया, तब उसे अपने पानी मांगने की बात याद हो आई। गौरी को देखने से उसे कोई नीच जाति की हरगिज नहीं कह सकता। सफेद पटट्-वस्त्र पहनकर, स्नान करके तुरन्त ही शायद संध्या-पूजा करने बैठी होगी; नौकर से ब्राह्मण ने जल मंगाया है, सुनते ही वह संध्या-पूजा छोड़कर दौड़ी आई है। आने के साथ ही उसने कहा–"आप लोगों में से किसी को जल चाहिए था न?"

विपिन ने कहा–"पाट की साड़ी पहन लेने से क्या तुम्हारे हाथ का पानी पी लेंगे हम लोग? अपूर्व, यही हैं विद्याधरी, देख लो!"

पलक मारते ही उस विधवा के हाथ से बताशों की रकाबी झन्न से नीचे गिर पड़ी; और उस असीम लज्जा के भाव को अपनी आंखों से देखकर, अपूर्व स्वयं शरम के मारे गड़ गया। उसने क्रोध के साथ विपिन को कुहनी मारते हुए कहा–"यह सब क्या बन्दरपन कर रहे हो? जरा भी तुम्हें समय देखकर बोलने का शऊर नहीं है।"

विपिन गंवई गांव का आदमी ठहरा, झगड़े के समय दूसरे मुंह के सामने अपमान करने में नर-नारी का भेदाभेद न रखने वाला वह निष्पक्ष वीर पुरुष है; इसलिए, अपूर्व के बिगड़ने पर और भी निष्ठुर हो उठा। लाल-लाल आंखें निकालकर जोर से बोला–"क्यों, कोई झूठी बात कह रहा हूं क्या? उसकी इतनी हिम्मत हो गई कि ब्राह्मण घराने के लड़कों के लिए पानी लाती है! मैं बीच बाजार में भंडा फोड़ सकता हूं, जानते हो?"

अपूव समझ गया, अब तर्क नहीं चल सकता और उससे अपमान की मात्रा बढ़ने के सिवा घट नहीं सकती। बोला–"मैंने ही लाने को कहा था, विपिन तुम बिना जाने यों ही झगड़ा मत करो। चलो अब हम लोग चल दें।"

गौरी रकाबी उठाकर किसी की भी तरफ बिना देखे, चुपचाप दरवाजे के पीछे जाकर खड़ी हो गई और वहां से बोली–"भइया, ये चन्दा लेने आए थे, तुमने दे दिया?"

एकादशी अब तक विह्वल की भांति बैठा था, बहन के आह्वान से चकित होकर बोला–"नहीं बहन, अभी दिए देता हूं।"

अपूर्व की तरफ देखकर उसने हाथ जोड़कर कहा–"बाबू साहब, मैं

गरीब आदमी हूं; चार आने मेरे लिए बहुत हैं, दया करके ले लीजिए।"

विपिन फिर कोई एक बड़ा जवाब देना ही चाहता था कि अपूर्व ने इशारे से उसे मना कर दिया; परन्तु इतना काण्ड हो जाने के बाद फिर उसी चार आने के प्रस्ताव से उसे खुद भी घृणा मालूम हुई। अपने को सम्हाले हुए उसने कहा—"रहने दो बैरागी, तुम्हें कुछ भी न देना होगा।"

एकादशी समझ गया यह गुस्से की बात है; एक उसांस लेकर बोला, "कलिकाल है! सुविधा पाने पर क्यों कोई दूसरे की गरदन मरोड़ने से बाज आता है! दो घोषाल जी, पांच आने पैसे ही खर्च-खाते लिख दो! और क्या करोगे, बताओ? कहकर बैरागी ने फिर एक लम्बी सांस ली। उसका चेहरा देखकर अपूर्व को अब की हंसी आ गई। इस कुसीद जीवी (सूद-खोर) वृद्ध के लिए चार आने-पांच आने के बीच कितना बड़ा भेद है, इसे उसने मन-ही-मन समझ लिया और मन्द मुस्कराकर कहा—"रहने दो बैरागी, तुम्हें नहीं देना होगा। हम चार-पांच आने पैसे चन्दा में नहीं लेते, अब हम लोग जाते हैं।"

मालूम नहीं क्यों अपूर्व को बहुत ही आशा थी कि इस पांच आने के विरुद्ध कम-से-कम दरवाजे की ओट में से अवश्य प्रतिवाद होगा। उसे आंचल का छोर अब तक वहीं दीख रहा था; परन्तु उसने कोई बात नहीं कही। जाने से पहले अपूर्व ने सचमुच ही बड़े क्षोभ के साथ मन-ही-मन कहा, 'ये लोग वास्तव में अत्यन्त क्षुद्र हैं। दान देने के बारे में पांच आने से ज्यादा ये सोच ही नहीं सकते। पैसे ही इनके प्राण हैं, पैसा ही इनका हड्डी-मांस है, पैसे के लिए संसार में ऐसा कोई काम नहीं जो ये न कर सकते हों।'

अपूर्व के अपने दल-बल सहित उठ खड़े होते ही एक दस-ग्यारह वर्ष के लड़के पर अनाथ की निगाह पड़ी। लड़के के गले में उत्तरीय पड़ा था, शायद उसके घर पितृ-वियोग या ऐसी ही कोई दुर्घटना हुई होगी। उसकी विधवा मां बरामदे में खम्भे की ओट में बैठी थी। अनाथ ने आश्चर्य के साथ पूछा—"पुंटू, तू यहां कैसे?"

पुंटू ने उंगली दिखाकर कहा—"मेरी मां बैठी हैं। मां ने कहा है, हमारे बहुत सारे रुपये इनके पास जमा हैं।" कहते हुए उसने एकादशी की तरफ

इशारा किया।

इस बात को सुनकर सभी कोई विस्मित और कुतूहली हो उठे। अन्त तक इसका क्या होता है, यह देखने के लिए अपूर्व, खूब जोर की प्यास होते हुए भी, विपिन का हाथ पकड़कर बैठ गया।

एकादशी ने पूछा–"तुम्हारा नाम क्या है, बेटा! कहां घर है?"

बच्चे ने उत्तर दिया–"मेरा नाम शशधर है, इन लोगों के गांव में रहते हैं–कालीदह में।"

"तुम्हारे बाप का नाम क्या है?"

लड़के की तरफ से अनाथ ने जवाब दिया–"इसके बाप बहुत दिन हुए मर गए।" बाबा रामलोचन चटर्जी अपने लड़के की मृत्यु के बाद घर-गृहस्थी छोड़कर बाहर निकल गए थे; सात वर्ष बाद, महीना-भर हुआ, वे फिर घर लौट लाए थे कि परसों बेचारों के घर आग लग गई और आग बुझाने में जलकर मर गए। और कोई है नहीं, बस यह एक नाती ही श्राद्ध का अधिकारी बच रहा है।

इस बात को सुनकर सभी ने दुख प्रकट किया, सिर्फ एक एकादशी ही चुपचाप बैठा रहा। कुछ देर बाद उसने प्रश्न किया–रुपयों की हाथ-चिट्ठी हैं जाओ, अपनी मां से पूछ आओ।

लड़का मां से पूछ आया और बोला–"कागज पत्र कोई नहीं हैं–सब जल गए।"

एकादशी ने पूछा–"कितने रुपये थे।"

अब की बार विधवा ने आगे बढ़कर माथे की धोती नीचे करते हए कहा–"बाबाजी मरने से पहले कह गए हैं कि पांच सौ रुपया जमा रखकर वे तीर्थयात्रा करने गए थे। बाबा, हम लोग बड़े गरीब हैं; सब रुपया न दो तो कम से कम कुछ भीख ही हम लोगों को दे दो!" यह कहकर विधवा भीतर ही भीतर घुमड़-घुमड़ कर रोने लगी। घोषाल साहब अब तक खाता-बही लिखना छोड़कर एकाग्रचित्त से सब सुन रहे थे; अब उन्होंने आगे बढ़कर प्रश्न किया–"हम पूछते हैं, कोई गवाही-अवाही भी है?"

विधवा ने गरदन हिलाकर कहा–"नहीं। हम लोग भी नहीं जानते थे। बाबाजी हम लोगों से छिपाके रुपये जमा करके चले गए थे।"

घोषाल ने मुदु हास्य के साथ कहा—"सिर्फ रोने से ही काम नहीं होता जी! यह सब नकद रुपये-पैसे का मामला ठहरा! गवाह नहीं, हाथ चिट्ठी नहीं, तो फिर कैसे क्या होगा, बताओ?"

विधवा फूट-फूटकर रोने लगी; परन्तु रोने का नतीजा क्या होगा, सो किसी से छिपा न था—सब समझ रहे थे। अब एकादशी ने बात की। घोषाल की तरफ देखकर कहा—"हमें ख्याल आ रहा है, किसी ने पांच सौ रुपया जमा कराके फिर लिए नहीं हैं। तुम जरा पुराने खातों में ढूंढ़ो तो सही, कुछ लिखा-इखा है या नहीं।"

घोषाल ने झुल्लाकर कहा—"कौन इतनी अबेर में भूत की बेगार करने जाए साहब? न गवाह है, न रसीद-वसीर की कुछ...."

बात खतम होने के पहले ही दरवाजे के पीछे से जवाब आया, "रसीद नहीं है तो क्या ब्राह्मण के रुपये ही डूबे जाएंगे? पुरानी बही देखिए, आप से न हो तो मुझे दीजिए, मैं देखे देती हूं।"

सबने एक साथ विस्मित होकर दरवाजे की तरफ आंख उठाकर देखा; मगर जिस ने हुक्म दिया था, वह दिखाई नहीं दी।

घोषाल ने जरा नरम होकर कहा—"कई साल हो गए बेटी, उतने दिनों के खाते ढूंढ़ निकालना आसान काम नहीं है। खाते-बहियों का कोई ठीक है, ढेर लगे हैं। हां, सो जमा होंगे तो मिलेंगे क्यों नहीं! फिर विधवा की तरफ मुखातिब होकर कहा—"तुम बेटी, रोओ मत, हक के रुपये होंगे तो मिलेंगे क्यों नहीं? अच्छा, कल हमारे घर आना; सब बातें पूछ-ताछकर बहीखाते देख के निकाल दूंगा। आज इतनी अबेर हो गई है; अभी तो होना मुश्किल हैं।"

विधवा ने उसी वक्त राजी होकर कहा—"अच्छा, कल सवेरे ही आपके यहां आ जाऊंगी।"

"आ जाना," कहकर घोषाल ने गरदन हिलाते हुए सामने के बहीखाते सब, उस दिन के लिए, बन्द कर दिए।

परन्तु पूछताछ करके के बहाने विधवा को अपने घर बुलाने का अर्थ बिलकुल स्पष्ट था। किवाड़ों की ओट में से गौरी ने कहा—"आठ साल पहले की बात है तो 1951 संवत् का खाता जरा निकालिये तो सही; रुपये जमा

हैं या नहीं सब मालूम हो जायगा।

घोषाल ने कहा—"इतनी जल्दी क्या पड़ी है, बेटी?"

गौरी ने कहा, "मुझे दीजिए, मैं देखे देती हूं। ब्राह्मण की घर की बहू दो कोस पैदल चलकर आई है, फिर दो कोस इस घाम में पैदल चल के जाएगी, और फिर कल आपके पास आएगी; इतनी झंझट की जरूरत क्या है, घोषाल काका?"

एकादशी ने कहा—"सच्ची ही तो कह रही है घोषाल जी, ब्राह्मण की बहू को झूठ-मूठ इधर से उधर हैरान करना क्या अच्छा है? देखो, देखो चटपट देख दो।"

क्रुद्ध घोषाल महाशय तब बड़बड़ाते हुए उठे और बगल की कोठरी में से 1951 साल का खाता निकाल लाए। दसेक मिनट पनने उलट-पलटकर सहसा बहुत ही खुश होकर बोल उठे—"वाह! यह राह रामलोचन चटर्जी का जमा पांच सौ..."

एकादशी ने कहा—"अब जरा चटपट ब्याज तो जोड़ डालो, घोषाल जी!"

घोषाल ने आश्चर्य में आकर कहा—"अब ब्याज भी?"

एकादशी ने कहा—"क्यों, दोगे नहीं? रुपया इतने दिनों तक काम में लगा रहा, रखा तो नहीं रहा! आठ साल का सूद लगाओ, इधर के कुछ महीनों का छोड़ दो।"

जोडने पर सूद और असल मिलाकर कुल साढ़े सात सौ रुपये हुए। एकादशी ने बहन को लक्ष्य करके कहा—"बहन, रुपए निकाल ला संदूक में से। क्यों पुंटू की मां, सब रुपए एक साथ ही ले जाओगी?"

विधवा के अन्तर की बात अन्तर्यामी ने सुन ली, आंखें पोंछते हुए उसने एकादशी से कहा—"नहीं तो, इतने मुझे नहीं चाहिए, अभी सिर्फ पचास रुपये दे दो।"

"सो ही ले जाओ, बहू : घोषाल जी, बही मुझे दे जरा, सही कर दूं; और बाकी रुपयों का तुम एक रुक्का लिख दो।"

घोषाल ने कहा—"मैं ही दस्तखत किए देता हूं आप क्यों।"

एकादशी ने कहा—"नहीं-नहीं, मुझे ही दो न आंखों से देख लूं।"

कहते हुए उसने बही हाथ में ली, और आधेक मिनट उसे देख-दाखकर हंसते हुए कहा—"घोषाल जी, इसमें तो असली मोती की एक जोड़ी ब्राह्मण के नाम और भी जमा है। मैं तो जानता हूं न आपको हर वक्त एक-सा नहीं दिखाई देता।"

यह कहता हुए एकादशी दरवाजे की तरफ देखकर जरा हंसा। इतने आदमियों के सामने मालिक की व्यंग्योक्ति से घोषाल का मुंह काला हो गया!

उस दिन का सब काम हो जाने पर अपूर्व जब अपने साथियों को लेकर तपते हुए रास्ते पर निकल आया तो उसके मन के भीतर एक क्रान्ति-सी मची हुई थी।

घोषाल साथ में था, उसने विनय के साथ आह्वान करके कहा—"आईये, इस गरीब के घर गुड़ से ही सही, कम-से-कम जरा पानी तो पी लिजिए।"

अपूर्व मुंह से कुछ न कहकर चुपचाप पीछे-पीछे चलने लगा। घोषाल की देह जली जा रही थी, उसने एकादशी को लक्ष्य करके कहा—"देखी आपने इस छोटी जात के नालायक की हिमाकत! आप जैसे ब्राह्मणों के पैरों की धूल पड़ी घर में—हरामजादे की सोलह पीढ़ियों का अहोभाग्य समझो! साला पिशाच है, पांच आने पैसे देकर भिखारी टरकाना चाहता है।"

विपिन ने कहा—"दो दिन ठहर जाइए न; हरामजादे महाशय जी को यहां भी नाई-धोबी का बहिष्कार कराकर पांच आने पैसे देने का मजा चखाए देता हूं। राखाल बाबू हमारे रिश्तेदार हैं—हां, यह याद रखिए, घोषाल साहब!"

घोषाल ने कहा—"मैं ब्राह्मण हूं। दोनों शाम संध्या-पूजा बिना किए पानी तक नहीं पीता। दो मोतियों के लिए इस टीका-टीक दोपहरी में कैसा मेरा मन गलत किया, आंखों से देख तो लिया आपने! नालायक का भला होगा, इसका कभी ख्याल भी मत कीजिए। और वह हरामजादी, जिसे छूने से नहाना पड़ता है, क्या करती है। ब्राह्मण के पीने के लिए पानी लाती है! रुपए की ठसक तो देखो जरा!"

अपूर्व ने अब तक एक भी बात में अपनी बात नहीं मिलाई थी; चलते-चलते सहसा वह बीच रासते में खड़ा हो गया, बोला—"अनाथ, मैं

वापस लौट रहा हूं भाई! मुझे बड़ी जोर की प्यास लगी है।"

घोषाल ने आश्चर्य के साथ कहा—"लौटकर कहां जाओगे! वह रहा, सामने ही तो मेरा मकान दीख रहा है।"

अपूर्व ने सिर हिलाकर कहा—"आप इन लोगों को ले जाइए—मैं जाता हूं वहीं एकादशी के घर पानी पीने।"

एकादशी के घर पानी पीने! सब-के-सब एक साथ त्योरियां चढ़ाकर खड़े हो गए। विपिन ने उसका हाथ पकड़कर एक झटका देते हुए कहा—"चलो-चलो, भरी दुपहरी में ऐसी कड़ी धूप में बीच रास्ते पर मजाक अच्छा नहीं लगता। तुम तो जरूर जाओगे, ऐसे ही हो न! तुम पीओगे एकादशी की बहन का छुआ पानी!"

अपूर्व ने अपना हाथ खींचकर दृढ़ता के साथ कहा, "हां-हां, सचमुच मैं उसका लाया हुआ पानी पीने जा रहा हूं। तुम लोग घोषाल महाशय के यहां से खा-पी आओ—मैं उस पेड़ के नीचे बैठा मिलूंगा।"

उसके शान्त और स्थिर कंठ-स्वर से हतबुद्धि होकर घोषाल ने कहा—"इसका प्रायश्चित्त करना पड़ता है, तो मालूम है?"

अनाथ ने कहा—"पागल तो नहीं हो गए?"

अपूर्व ने कहा—"सो तो नहीं मालूम। पर प्रायश्चित्त करना पड़ेगा—तो उस समय धीरे-सुस्त बैठकर सोचा जाएगा। लेकिन अभी तो नहीं रुक सकता।" कहता हुआ वह उसी चटकती हुई धूप में जल्दी-जल्दी एकादशी के घर की ओर चल दिया।

अनुपमा का प्रेम विरह

ग्यारह वर्ष की उम्र से ही उपन्यासों को पढ़-पढ़कर अनुपमा ने अपना दिमाग खराब कर लिया था। वह समझती थी कि मनुष्य के हृदय में जितना प्रेम, जितनी माधुरी, जितनी शोभा, जितना सौन्दर्य, जितनी तृषा है—सबको बीन-बीनकर इकट्ठा करके मैंने अपने मस्तिष्क के भीतर सहेज कर रख लिया है; मनुष्य चरित्र और मनुष्य स्वभाव मेरे लिए नख-दर्पण हो गया है। दुनिया में और कुछ सीखना बाकी नहीं; सब जान लिया है, सब सीख लिया है। अनुपमा इस बात पर विश्वास ही नहीं कर सकती कि सतीत्व की ज्योति को जैसा वह देखती है और प्रणय की महिला को जैसा वह समझती है, दुनिया में और भी कोई समझ सकता है।

अनुपमा ने सोचा कि मैं एक माधवी लता हूं; फिलहाल मंजरियां आ रही हैं; ऐसी दशा में शीघ्र ही सहकार-शाखा-वेष्टिता हुए बिना खिलने के सम्मुख हुई कलियां किसी भी तरह पूर्ण विकसित नहीं हो सकेंगी। इसलिए उसने ढूंढ़-खोजकर एक नवीन कान्त सहकार मनोनीत कर लिया और दो-चार ही दिन में उसे हृदय, मन, जीवन, यौवन सब-कुछ दे डाला। मन-ही-मन देने और लेने का सभी का समान अधिकार है, मगर लिपट जाने के पहले सहकार के मतामत की भी कुछ आवश्यकता होती है। वहीं पर माधवी लता जरा कुछ खतरे में पड़ रही। नवीन नीरद कान्त को वह कैसे जताये कि वह उसकी माधवी लता है, स्फुटोन्मुख हुई खड़ी है, उसे आश्रय न दोगे तो अभी वह अपनी कलियों समेत जमीन पर लोटती हुई अपने प्राण दे देगी।

परन्तु सहकार इतना नहीं जान सका। न जाने, न सही, अनुपमा का प्रेम उत्तरोत्तर बढ़ने ही लगा। अमृत में गरल, मुख में दुःख, प्रणय में विच्छेद

चिर-प्रसिद्ध हैं। दो-चार दिन बाद अनुपमा ने विरह-व्यथा से जर्जरित होकर मन-ही-मन कहा--स्वामिन्, तुम मुझे स्वीकार करो या न करो, मेरी तरफ मुड़कर देखो या न देखो, मैं तुम्हारी सदा की दासी हूं। प्राण चले जाएं यह भी मंजूर है; पर तुम्हें किसी तरह नहीं छोड़ूंगी। इस जनम में न मिला तो दूसरे जन्म में निश्चय ही मिलोगे; तब देखना कि सती-साध्वी की इन छोटी-छोटी बांहों में कितना बल है।

अनुपमा बड़े आदमी की लड़की है। उसके मकान से लगा हुआ उद्यान भी है और मनोरम सरोवर भी। वहां चन्द्रमा उदित होता है, कमल भी खिलते हैं, कोयल भी कूकती हैं और मधुप भी गुंजारते हैं। वहीं पर घूम-फिरकर वह विरह-व्यथा अनुभव करने लगी। बाल बिखेरकर, अलंकार खोलकर, देह में धूल लपेटकर, प्रेम की जोगिन बनकर, कभी सरसी के जल में मुंह देखने लगी, कभी नयन-जल से वक्षस्थल को प्लावित करती हुई गुलाब-पुष्प का चुम्बन करने लगी; कभी अंचल बिछाकर वृक्ष के नीचे पड़कर दीर्घ निःश्वास लेने लगी; भोजन में रुचि नहीं, सोने की इच्छा नहीं, साज-श्रृंगार से अत्यन्त विरक्ति, गप-शप या बातचीत में बिलकुल मन नहीं। इस तरह अनुपमा दिन-पर-दिन सूख-सूखकर कांटा होने लगी। यह देखकर उसकी मां को बड़ी चिन्ता हो गई, एक के सिवाय दूसरी लड़की नहीं, उसको भी यह क्या हो गया? पूछने पर वह न जाने क्या-क्या कहती है जो किसी की समझ में नहीं आताः ओठों की बात ओठों में ही समाप्त हो जाती है। अनुपमा की मां ने एक दिन जगबन्धु बाबू से कहा, "अजी, इसकी तरफ क्या एक बार देखोगे ही नहीं? तुम्हारे इस एक के सिवा दूसरी लड़की नहीं, वह भी बिना इलाज के मरी जा रही है।"

जगबन्धु बाबू ने विस्मित होकर कहा–"क्या हुआ उसे?"

"सो तो मालूम नहीं। डॉक्टर साहब तो देख-सुन कर कह गए कि उसको कोई बीमारी नहीं है! फिर ऐसी क्यों होती जा रही है?"

जगबन्धु बाबू ने चिढ़कर कहा–"सो मैं कैसे जानूंगा?"

"तो फिर हमारी लड़की मर जाए?"

"यह तो बड़ी मुश्किल की बात है! बुखार नहीं , कोई बला नहीं, यों ही अगर मर जाए तो मैं क्या उसे पकड़कर रख सकता हूं?"

तब अनुपमा की मां सूखा मुंह लिये बड़ी बहू के पास जाकर बोली, "बहू, मेरी अनु इस तरह क्यों घूमा करती है?"

"मैं कैसे जान सकती हूं मां?"

"तुम लोगों से क्या कुछ नहीं कहती?"

"कुछ नहीं।"

गृहिणी रो-सी उठी, "तब क्या होगा? बिना खाये-पीये-सोये इसी तरह दिन-दिनभर बगीचे में घूमती फिरेगी, तो कितने दिन जीएगी? तुम लोग कोई उपाय करो, नहीं तो किसी दिन तालाब में डूब मरेगी।"

बड़ी बहू ने कुछ देर तक सोच-विचारकर कहा, "देख-भालकर उनका ब्याह कर दो, गृहस्थी का बोझ सिर पर आएगा तो अपने आप ठीक हो जायेंगे।"

"अच्छी बात है, तो फिर आज ही मैं यह बात उनसे कहूंगी।"

अनुपमा के बाप ने यह बात सुनकर हंसते हुए कहा, "कालिकाल ठहरा! कर दो, ब्याह करके ही देखो शायद अच्छी हो जाए।"

दूसरे ही दिन घटक आया। अनुपमा बड़े आदमी की लड़की ठहरी और रूपवती, पात्रों के लिए सोचना नहीं पड़ा। एक ही सप्ताह में घटक महाराज ने लड़का ठीक करके जगबन्धु बाबू को खबर दी। उन्होंने यह बात गृहिणी से कही; गृहिणी ने बड़ी बहू से कही; क्रमशः अनुपमा को मालूम हो गया।

दो-एक दिन बाद एक दिन दोपहर के वक्त सब मिलकर अनुपमा के ब्याह के बारे में बातचीत कर रही थीं, इतने में बाल बिखेरे, एक गुलाब हाथ में लिये शिथिलवसना अनुपमा भी तसवीर की तरह वहां आ खड़ी हुई। अनुपमा की मां ने लड़की को देखकर जरा हंसते हुए कहा, "बिटिया तो मेरी जैसे जोगिन बन गई है!"

बड़ी बहू ने जरा मुसकराते हुए कहा, "ब्याह होते ही यह सब गायब हो जायेगा। दो-एक लड़के हुए नहीं कि फिर तो कुछ बात ही नहीं।"

अनुपमा तसवीर की तरह खड़ी-खड़ी सब सुनती रही। बहू ने फिर कहा, "मां, ननदजी के ब्याह का दिन कब निश्चित हुआ?"

"दिन अभी निश्चित नहीं हुआ।"

"ननदोई पढ़ क्या रहे हैं?"

"अबकी बार बी॰ए॰ का इम्तहान देंगे।"

"तब तो अच्छा दूल्हा मिला।" इसके बाद बड़ी बहू मुस्कराती हुई मजाक में बोली, "पर देखने में सूबसूरत नहीं हुआ तो हमारी ननदजी को पसन्द नहीं आएगा।"

"क्यों, पसन्द क्यों नहीं आएगा? जमाई हमारा देखने में तो बहुत ही अच्छा है।"

अब तो अनुपमा ने अपनी गरदन कुछ टेढ़ी की और जरा झुककर पैर के नाखूनों से मिट्टी खोदने की-सी चेष्टा करते हुए कहा–"ब्याह मैं नहीं करूंगी।"

"मां को ठीक से सुनाई नहीं दिया, इससे उहोंने पूछा, "क्या कहा, बिटिया?"

बड़ी बहू ने अनुपमा की बात सुन ली थी। वह खूब जोर से हंस पड़ी और बोली, "ननदजी कह रही हैं, वे कभी ब्याह नहीं करेंगी।"

"ब्याह नहीं करेगी?"

"नहीं।"

'न करे' कहकर अनुपमा की मां मुंह दबाती और भीतर मुस्कराती हुई चली गईं। उनके चले जाने पर बड़ी बहू ने अनुपमा से पूछा, "ब्याह नहीं करोगी?"

अनुपमा ने पहली की ही तरह गम्भीर मुंह बनाकर कहा, किसी भी हालत में नहीं।"

"क्यों?"

"जिस-तिस के गले मढ़ देने का नाम ही विवाह नहीं है। बिना मन मिले ब्याह करना ही गलत है।"

बड़ी बहू आश्चर्य में आकर अनुपमा के चेहरे की ओर देखती हुई बोली, "गले मढ़ देना किसे कहते हैं जी? यदि मां-बांप किसी को न सौंपेंगे तो क्या लड़कियां खुद देख-भालकर पसन्द करके ब्याह करेंगी?"

"जरूर।"

"तो तुम्हारी राय में मेरा ब्याह भी गलत हो गया है? ब्याह के पहले

तो मैं तुम्हारे भइया का नाम तक नहीं जानती थी?"

"सभी क्या तुम्हारी तरह हैं?"

बड़ी बहू को फिर हंसी आ गई, बोली "तुम्हें क्या कोई मन का आदमी मिल गया है?"

अनुपमा ने अपनी भाभी की इस सहास्य व्यंग्योक्ति पर अपना मुंह पहले से चौगुना गम्भीर बनाकर कहा, "भाभी, मजाक उड़ा रही हो, क्यों? यह क्या मजाक करने का वक्त है?"

"क्यों, हो क्या गया?"

"हो क्या गया ? तो सुनो।" अनुपमा को लगा जैसे उसके पति का उसके सामने ही बध किया जा रहा है, सहसा कतलू खां के किले में बध-मंच के सामने का विमला और बीरेन्द्र सिंह का दृश्य उसके सामने खड़ा हो गया। अनुपमा ने सोचा-वे जैसा कर सकते हैं, क्या मैं वैसा नहीं कर सकती? सती स्त्री संसार में किससे डरती है? देखते-देखते उसकी आंखें एक अनैसर्गिक तेज से चमकने लगीं। देखते-देखते उसने अपना आंचल कमर से लपेट लिया। यह हालत देखकर बड़ी बहू तीन हाथ पीछे हट गई। पल-भर में अनुपमा पास के पलंग के पाये से जोर से लिपटकर ऊपर की ओर देखती हुई जोर-जोर से चिल्लाकर कहने लगी, "प्रभो, स्वामी, प्राणनाथ, संसार के सामने आज मैं मुक्त कंठ से स्वीकार करती हूं, तुम्हीं मेरे प्राणनाथ हो। प्रभो, तुम मेरे हो, मैं तुम्हारी हूं। यह पलंग का पाया नहीं है प्रभो, यह तुम्हारे चरण-युगल हैं; मैं धर्म को साक्षी मानकर तुम्हें पतित्व में वरण कर रही हूं। तुम्हारे चरण छूकर कहती हूं, इस संसार में तुम्हारे सिवा और मेरा स्पर्श तक नहीं कर सकता; किसी की मजाल है जो प्राण रहते हम दोनों को अलग कर सके? मां, मां, जगज्जननी!"

बड़ी बहू चिल्लाती हुई बाहर दौड़ी गई, "अजी, देखो, लल्ली को क्या हो गया! देखते-देखते गृहिणी दौड़ी आयी। बहूजी का चीत्मकार बाहर तक पहुंच गया था। 'क्या हुआ, हुआ क्या', कहते हुए गजबन्धु बाबू और उनके पुत्र चन्द्र बाबू भी दौड़े आए। मालिक-मालकिन, पुत्र-पुत्रवधु और दास-दासियों से कमरा भर गया। अनुपमा मूर्च्छित होकर खाट के पास पड़ी थी। गृहिणी रोने लगी, "मेरी अनु को यह क्या हो गया? डॉक्टर को बुलाओ! पानी

लाओ! पंखा करो।" इत्यादि शोर-गुल सुनकर मुहल्ले के आधे पड़ोसी भी वहां आ पहुंचे।

बहुत देर बाद आंखें खोलकर अनुपमा ने धीरे-धीरे कहा, "मैं कहां हूं?"

उसकी मां ने मुंह के पास मुंह ले जाकर स्नेह के साथ कहा, ''क्यों बिटिया, तुम तो मेरी गोद में पड़ी हो।''

अनुपमा ने एक गहरी सांस ली और धीरे-धीरे कहा, "ओह, तुम्हारी गोद में! मैं तो सोच रही थी कि और कहीं किसी स्वप्नराज्य में उनके साथ बहती हुई जा रही हूं।" उसके कपोलों से बह-बहकर आंसू टपकने लगे। मां ने उन्हें पोंछते हुए कातर होकर कहा, "क्यों रो रही हो बिटिया, किसकी बात कहती हो?"

अनुपमा गहरी श्वास लेकर मौन हो गई।

बड़ी बहू ने चन्द्रा बाबू को एक तरफ बुलाकर कहा, "सबको चले जाने के लिए कह दो; अब कोई डर नहीं है; लल्ली अच्छी हो गई।''

धीरे-धीरे सब चले गए। रात को बड़ी बहू अनुपमा के पास आकर बैठ गई और बोली, "किस के साथ ब्याह होने से तुम सुखी होगी?"

अनुपमा ने आंखें मींचकर कहा, "सुख-दुःख मेरे लिए कुछ भी नहीं है; वही मेरे स्वामी हैं।"

"सो तो समझ गई-पर वे हैं कौन?"

"सुरेश! सुरेश......"

"सुरेश? राखाल मजूमदार का लड़का?"

"हां, वही।"

रात को ही अनुपमा की मां को यह बात मालूम हो गई। दूसरे ही दिन वे मजूमदार के घर पहुंचीं। बातों-बातों में सुरेश की मां से उन्होंने कहा, "अपने लड़के के साथ मेरी लड़की को ब्याह दो।" सुरेश की मां ने हंसते हुए कहा, "ठीक तो है!"

"ठीक नहीं, तुम्हें ये सम्बन्ध करना ही पड़ेगा।"

"लेकिन सुरेश से तो एक बार पूछ आऊं। वह घर ही में है; अगर वह राजी हो गया तो उसके बाप भी इनकार नहीं करेंगे।"

सुरेश इन दिनों घर पर ही बी॰ए॰ की परीक्षा के लिए तैयारी कर रहा है, एक-एक मिनट उसके लिए एक-एक वर्ष हो रहा है। उसकी मां ने ब्याह की बात कही तो उसने सुना ही नहीं। फिर कहा, "सुरेश, तुझे ब्याह करना होगा।"

सुरेश ने मुंह उठाकर, "हां, सो ठीक है, पर अभी क्यों? पढ़ते समय ये सब बातें अच्छी नहीं लगतीं।"

मां ने कुछ अप्रतिभ होकर कहा, "नहीं-नहीं, अभी नहीं, परीक्षा हो जाए उसके बाद ब्याह होगा।"

"कहां?"

"इसी गांव में; जगबन्धु बाबू की लड़की से।"

"क्या? चन्द्र की बहन से जिसे वह मुन्नी कहा करता है।"

"मुन्नी क्यों, उसका नाम अनुपमा है।"

सुरेश मुसकराता हुआ बोला, "हां, अनुपमा! अरे, मारो गोली, देखने में बड़ी भद्दी है।"

"भद्दी क्यों है? वह तो अच्छी है देखने में!"

"होने दो अच्छी देखने में, एक ही जगह ससुराल और घर, मुझे बिलकुल पसन्द नहीं।"

"क्यों, इसमें बुराई क्या है?"

"बुराई की बात रहने दो; तुम जाओ, मां, मुझे अभी पढ़ना है, अभी कुछ भी नहीं हुआ।"

सुरेश की मां ने लौटकर कहा, "सुरेश तो एक ही गांव में ब्याह करने को किसी तरह राजी नहीं होता।"

"क्यों?"

"सो नहीं जानती।"

अनुपमा की मां ने मजूमदार-गृहिणी का हाथ पकड़कर बड़े करुण भाव से कहा, "सो नहीं होने का, बहन। यह ब्याह तो तुम्हें करना ही पड़ेगा।"

"लड़का राजी न हो, तो मैं क्या कर सकती हूं, बताओ?"

"बिना कराये छोडूंगी नहीं।"

"तो आज रहने दो; कल फिर एक बार समझाऊंगी। देखूं अगर राजी कर सकूं।"

अनु की मां ने घर आकर जगबन्धु बाबू से कहा, "उनके सुरेश के साथ मेरी अनु का ब्याह होना चाहिए; जैसे बने तुम इसे पक्का कराओ।"

"क्यों भला? रायग्राम में तो करीब पक्का ही हो चुका है; उस सम्बन्ध को क्या छोड़ दोगी?"

"कारण है।"

"क्या है कारण?"

"और कुछ भी नहीं; सुरेश सरीखा रूपवान, गुणवान लड़का सहज में नहीं मिल सकता और फिर मेरे एक ही तो लड़की है, उसे मैं दूर नहीं ब्याह सकती। सुरेश के साथ होगा तो गांव की गांव में जब जी में आया, देख सकूंगी।"

"अच्छा, कोशिश करूंगा।"

"कोशिश नहीं जी, जरूर, करना ही पड़ेगा।"

मालिक को अपनी पत्नी के नथ हिलाने का ढंग देखकर हंसी आ गई, बोले, "जरूर करूंगा।"

शाम के बाद मालिक ने मजूमदार के यहां से लौटकर स्त्री से कहा, "ब्याह नहीं हो सकता।"

"क्यों, क्या बात हुई?"

"क्या करूं, बतलाओ? वे अगर राजी न हों, तो मैं जबरदस्ती उनके घर जाकर लड़की को फेंक तो आ नहीं सकता!"

"क्यों, राजी क्यों नहीं होते?"

"एक ही गांव में ब्याह करने की उनकी मंशा नहीं है।"

अनु की मां ने माथे पर हाथ दे मारे, बोली, "मेरी तकदीर का ही दोष है!"

दूसरे दिन वे फिर सुरेश की मां के घर पहुंचीं और बोलीं, "जीजी, ब्याह तो करना ही पड़ेगा।"

"मेरी तो इच्छा है, पर लड़का जो राजी नहीं होता!"

"मैं छिपाकर सुरेश को और भी पांच हजार रुपये दूंगी।"

रुपये का लोभ सबसे बड़ा लोभ है। सुरेश की मां ने यह बात सुरेश के बाप से कही। उन्होंने सुरेश को बुलाकर कहा, "सुरेश, तुम्हें यह ब्याह करना ही होगा।"

"क्यों?"

"क्यों क्या होता है? इस ब्याह में तुम्हारी गर्भधारिणी का मत है, मेरी भी राय है; साथ ही एक और भी कारण आ पड़ा है।"

सुरेश की नीची निगाह किये हुए कहा, "अभी पढ़ने-लिखने का समय है, परीक्षा में हानि होगी।"

"सो तो मुझे मालूम है, बेटा! मैं तुम्हें परीक्षा की हानि करने को नहीं कहता। परीक्षा खतम हो जाने पर ब्याह होगा।"

"जैसी आज्ञा।"

अनु की मां के आनन्द की सीमा न रही। उन्होंने यह बात पति से कही और नौकर-चाकर सबको ही बड़ी खुशी से यह समाचार सुना दिया। बड़ी बहू ने अनुपमा को बुलाकर कहा, "सुना ननदजी, तुम्हारा दूल्हा तो पकडाई दे गया।"

अनुपमा ने लज्जा के साथ जरा-सा मुस्कराते हुए कहा, "मैं तो पहले ही से जानती थी।"

"कैसे मालूम हुआ? चिट्ठी-पत्री चलती थी क्या?"

"प्रेम अन्तर्यामी होता है। हमारी चिट्ठी-पत्री मन-ही-मन चला करती थी।"

"तुम धन्य हो!"

अनुपमा के चले जाने पर बड़ी बहू ने धीरे से कहा-इस उम्र में ये छोटे मुंह बड़ी-बड़ी बातें सुनकर देह जलने लगती है। मैं तीन-तीन लड़कों की मां हो गई–ये मुझे आज प्रेम सिखाने चली हैं।

प्रेम का परिणाम

दुर्लभ वसु काफी धन-दौलत छोड़कर जब परलोक सिधार गए तब उनके बीस वर्ष के एकलौते पुत्र ललित मोहन ने उनकी श्राद्ध-शान्ति की और फिर एक दिन स्कूल जाकर मास्टर से कहा, "मास्टर साहब, मेरा नाम काट दीजिए।"

"क्यों बेटा?"

"फिजूल पढ़ने-लिखने से क्या होगा? जिसके लिए पढ़ा-लिखा जाता है, वह मेरे पास बहुत है। पिताजी मेरे लिए पढ़-लिखने से क्या होगा? जिसके लिए पढ़ा-लिखा जाता है, वह मेरे पास बहुत है। पिताजी मेरे लिए पढ़लिखकर काफी धर गए हैं!"

मास्टर साहब ने आंख मिचकाकर मुस्कराते हुए कहा, "तो फिर तुम्हें फिक्र ही किस बात की है? अब मजे से चरो और खाओ!" यहीं पर ललित मोहन के विद्याभ्यास की इति हो गई।

ललित मोहन की एक तो कच्ची उम्र और फिर हाथ में काफी रुपया, लिहाजा स्कूल छोड़ते ही काफी यार-दोस्त जुट गए और उसके बाद क्रमशः तमाखू, भांग, गांजा, शराब, गायक-गायिका इत्यादि एक के बाद एक उसकी बैठक की शोभा बढ़ाने लगे। इधर पिता का संचित किया हुआ धन भी पानी की तरह तरंगें लेता हुआ तेजी के साथ सागर की तरफ दौड़ने लगा। मां ने रो-धोकर बहुत समझाया, बहुत कुछ कहा-सुना, पर उसने सुना ही नहीं।

एक दिन वह सुर्ख आंखें लिये हुए मां के पास जाकर बोला, "मां, मुझे इसी समय पचास रुपया दो। मां ने कहा, "मेरे पास एक पैसा भी नहीं है।" ललित मोहन और कुछ न कहकर एक कुल्हाड़ी उठा लाया, और बॉक्स तोड़कर उसमें से पचास रुपया लेकर चलता बना। मां खड़ी-खड़ी सब देखती

रही, कुछ बोली नहीं।

दूसरे दिन उसने पुत्र के हाथ में लोहे के सन्दूक की चाबी देकर कहा, "बेटा, यह लो लोहे के सन्दूक की चाबी। तुम्हारे बाप का रुपया है, जैसे चाहो खर्च कर सकते हो; अब मैं कुछ नहीं कहूंगी। पर भगवान् से प्रार्थना करती हूं कि मेरे चले जाने पर तुम्हारी आंखें खुल जाएं।

ललित ने विस्मित होकर कहा, "कहां जाओगी?"

"मालूम नहीं। आत्मघात करने से कहां जाना पड़ता है, सो तो मैं नहीं जानती, पर इतना मालूम है कि सद्गति नहीं होती। पर क्या करूं बताओ, मेरी तकदीर ही ऐसी है!"

"आत्मघातिनी होगी?"

"और चारा ही क्या है? तुम्हें पेट में धर-कर मुझे सभी सुख जो मिल चुके। अब रोज-रोज तुम्हारी झाड़ू-लात खाने की अपेक्षा यमदूत का अग्निकुण्ड क्या बुरा है?"

ललित मोहन मां को पहचानता था, वह अच्छी तरह जानता था कि उसकी मां झूठ-मूठ डराने वाली नहीं है। तब वह रोने लगा और पांव पड़कर कहने लगा, "मां, अब की बार तुम माफ कर दो, अब ऐसा काम न करूंगा। तुम रहो, जाओ मत।"

मां ने रूखे स्वर में कहा, "ऐसा भी कहीं हो सकता है? तुम्हारे यार-दोस्त, आखिर वे सब जायेंगे कहां?"

"मैं किसी को नहीं चाहता। रुपया-पैसा, यार-दोस्त, कुछ भी नहीं चाहता, सिर्फ तुम रहो।"

"तुम्हारी बात का विश्वास क्या है?"

"क्यों मां, तुम्हारी बुरी औलाद हूं, फिर भी क्या मैने कोई अविश्वास का काम किया है। तुम यहां रहकर इच्छा-खुशी जो दोगी, उससे ज्यादा मैं एक पैसा भी नहीं मांगूंगा।"

"इच्छा-खुशी तो तुम्हें एक पैसा भी देने को जी नहीं चाहता, क्योंकि एक-डेढ़ साल के अन्दर ही तुमने जितना रुपया उड़ाया है, उससे आधा भी तुम कभी अपनी जिन्दगी में पैदा नहीं कर सकोगे।"

"तो तुम मुझे कुछ भी मत देना।"

जननी का हृदय कोमल हो उठा; उसने कहा, "नहीं, तुम इतना नहीं सके सकते; और मैं भी ऐसा नहीं चाहती। महीने में एक सौ रुपये से तुम्हारा काम चल जाएगा?"

"मजे से।"

"तो यही ठीक रहा।"

दो-एक ही दिन में उसके यार-दोस्त सब धीरे-धीरे खिसकने लगे। ललित मोहन दो-एक के घर बुलाने भी गया; किसी ने कहा, 'कल आऊंगा' और कोई बोला—'आज काम है।' परिणामस्वरूप आया कोई भी नहीं। अब वह बिलकुल अकेला पड़ गया। अकेले शराब पीता है, अकेले ही घूमता-फिरता है। उसने एक बार सोचा-अब शराब नहीं पीऊंगा; वक्त कैसे कटे? लिहाजा वह न छूट सकी। एक रास्ते पर वह अकसर धूमा करता; वह रास्ता जगबन्धु बाबू के बगीचे के बगल से होकर गया है, और अपेक्षाकृत निर्जन होने से वहां शराब पीकर घूमने-फिरने का मौका भी सबसे अच्छा है। शराबी होने से गांव-भर में उसकी काफी बदनामी थी; इसलिए किसी के घर जाना अच्छा नहीं मालूम होता था लिहाजा वह शराब पीकर अपने ही साथ आप घूमा-फिरा करता था।

आजकल उसे एक साथी मिल गया है, वह है अनुपमा। आते-जाते वह अकसर देखा करता है। उसी की तरह अनुपमा भी बगीचे के भीतर घूमा-फिरा करती है। अनुपमा को वह बचपन से देखता आया है परन्तु आजकल उसमें उसे कुछ नवीनता-सी दीख पड़ती है। जगबन्धु बाबू के बगीचे की दीवार का एक हिस्सा टूटा था, वहां से एक पेड़ के पास खड़ा होकर वह देखता—अनुपमा बगीचे-भर में घूमती-फिरती है, कभी पेड़ के नीचे बैठी हुई फूलों की माला गूंथती है, कभी फूल चुनती है और कभी-कभी सरोवर के शीतल जल में दोनों पैर डुबोकर बालिका-सुलभ क्रीड़ा करती है। यह देखना उसे बहुत अच्छा लगता; इधर-उधर बिखरे हुए बाल, अत्यन्त-रक्षित देहलता, गैर-सिलसिले के पकड़े और गहने और सबसे बढ़कर उसका चेहरा शराब की मदभरी आंखों से उसे कमल-पुष्प-सा दिखाई देता। कभी-कभी उसे ऐसा मालूम होता कि संसार में अनुपमा को देखते रहना ही उसे सबसे ज्यादा प्रिय है। रात होते ही वह घर जाकर सो रहता और जब तक नींद नहीं

आती, तब तक अनुपमा का मुखड़ा उसे याद आता रहता। स्वप्न में भी कभी-कभी अनुपमा का अनिन्द्य-सुन्दर मुखमंडल उसके हृदय में जाग उठता। इसी तरह कितने ही बिन बीत गए; जगबन्धु बाबू के बगीचे की उस टूटी दीवार के पास रोज शाम को बैठे रहना आजकल उसका नित्यकर्म हो गया है। बच्चा नहीं है। इसलिए थोड़े ही दिन में समझ गया कि अनुपमा को वास्तव में मैं बहुत ज्यादा प्रेम करने लगा हूं। परन्तु ऐसे प्रेम से लाभ कुछ नहीं। वह जानता था कि मैं शराबी हूं, अयोग्य और मूर्ख हूं, सबसे घृणित हूं, अनुपमा के योग्य किसी भी हालत में नहीं हो सकता–सैकड़ों कोशिशें करने पर भी उसे पाना मेरे लिए सम्भव नहीं, तो फिर इस तरह व्यर्थ मन खराब करने-से क्या? कल से अब नहीं आऊंगा। पर रहा नहीं जाता, सूर्यास्त होते ही वह शराब पीकर उस टूटी दीवार के ऊपर आकर बैठ जाता। मगर इसके भीतर एक बात और है। किसी के प्रेम करने से मालूम होता कि शायद वह भी इसी तरह प्रेम करती हो; और क्यों नहीं वह प्रेम करेगी? हां, इतना जरूर है कि यह बात साबित नहीं की जा सकती।

एक दिन ललित मोहन दीवार पर चढ़ा ही था कि चन्द्र बाबू की उस पर निगाह पड़ गई।

चन्द्र बाबू ने दरबान को पुकारकर कहा, "कोई पकड़ो। दरबान पहले तो समझ ही न सकता कि किसे पकड़ना है; और बाद में जब समझा कि ललित बाबू को पकड़ना है, तब सलाम करके तीन हाथ पीछे खड़ा हो गया।"

चन्द्र बाबू ने फिर जोर से चिल्लाकर कहा, "...को पकड़ के थाने में ले जाओ।"

दरबान बंगला-हिन्दी की खिचड़ी पकाता हुआ बोला, "हामि नहीं पारवे बाबू।"

ललित मोहन तब तक दीवार से उतरकर धीरे से चलता बना। उनके चले जाने पर चन्द्र बाबू ने कहा, "क्यों नहीं पकड़ा?"

दरबान चुप हो रहा। एक माली ललित को अच्छी तरह जानता था, उसने कहा, "भला इस भोजपुरिया की क्या मजाल है जो ललित बाबू को पकड़े! इस जैसे चार दरबानों के सिर तो वे एक घूंसे से ही तोड़ देंगे।"

दरबान ने भी इस बात से इनकार नहीं किया; बोला, "बाबू, नौकरी करने आया हूं, जान देने नहीं।"

चन्द्र बाबू ऐसे ही छोड़ देने वाले नहीं थे। ललित पर वे पहले ही से बहुत खफा थे, अब मौका पाकर, गवाह जुटाकर उन्होंने अनाधिकार प्रवेश और न जाने क्या-क्या अपराध लगाकर अदालत में दावा दायर कर दिया। जगबन्धु बाबू और उनकी स्त्री दोनों ही ने इस मुकदमे के लिए मना किया; लेकिन चन्द्रनाथ ने एक न सुनी। और मर्मपीड़िता अनुपमा ने तो खासतौर से जिद की कि पापी को सजा दिये बिना मेरा मन किसी भी तरह शान्त नहीं होगा।

इन्स्पेक्टर ने घर पर आकर अनुपमा का इजहार लिया। अनुपमा ने सब कुछ ठीक-ठाक कह दिया। अन्त में मामला ऐसा हो गया ललित की मां काफी रुपया खर्च करके भी लड़के को किसी तरह न बचा सकी। ललित मोहन को तीन साल की बड़ी सजा का हुक्म हो गया।

बी॰ए॰ की परीक्षा का रिजल्ट निकल गया। सुरेशचन्द्र मजूमदार एकदम फर्स्ट आए। गांव-भर में तारीफ का तहलका-सा मच गया। अनुपमा की मां के आनन्द की सीमा न रही। वे मारे खुशी के सुरेश की मां से जाकर बोलीं, "अपनी बात अपने आप नहीं कहनी चाहिए, मगर देखो तो सही, मेरी लड़की का भाग्य!"

सुरेश की मां ने हंसते हुए कहा, "सो तो देख ही रही हूं।"

"ब्याह तो हो जाने दो, फिर तुम्हारा लड़का राजा न हो जाए तो कहना। अनू जब पैदा हुई थी, तब एक ज्योतिषी ने आकर कहा था कि लड़की रानी होगी। इतने सुख से कोई कभी नहीं रही और न रहेगी जितना सुख तुम्हारी लड़की को होगा।"

"किसने कहा था?"

"एक संन्यासी ज्योतिषी ने।"

"लेकिन पहले तुम अपने जमाई के लिए एक मकान तो खरीदवा दो।"

"क्यों नहीं, जरूर। यों तो चन्द्र को मैं अपनी कोख का ही लड़का समझती हूं, पर मेरी अनू को भी हिसाब से देखा जाए तो बाप की आधी

जायदाद मिलनी चाहिए और मैं जिन्दा रही तो वह पाएगी ही।"

"ऐसा ही हो-दोनों राजा-रानी होकर सुख से रहें और हम लोग यह देखकर मरें।"

दो दिन बाद राखाल मजूमदार ने अपने पुत्र को बुलाकर कहा, "इसी बैसाख में तुम्हारे ब्याह का दिन ठीक हुआ है।"

"मेरी जरा भी इच्छा नहीं कि अभी ब्याह हो।"

"क्यों?"

"मैंने 'गिलकिष्ट-स्कालरशिप' पाया है, चाहूं तो मैं उससे विलायत जाकर पढ़ सकता हूं।"

"तुम विलायत जाओगे।"

"इच्छा तो है।"

"पढ़ते-पढ़ते तुम्हारा दिमाग खराब हो गया है। ऐसी बात फिर कभी जबान पर भी न लाना।"

"बिना खर्च के जब यह सुभीता मिल रहा है, तब दोष ही क्या है?"

राखाल बाबू इस बात पर आगबबूला हो उठे; बोले, "नास्तिक कहीं का! कहता है, दोष क्या है। दूसरे के खर्च से अगर जहर मिल जाए तो क्या वह भी खाना होगा?"

"उस बात में और इस बात में बहुत फर्क है।"

"फर्क कहां रहा? इस तरफ है जात खोना और म्लेच्छ होना और दूसरी तरफ है जहर खाना। ठीक एक बात नहीं तो और क्या है? बाल-बाल नहीं मिल जाता है?"

सुरेश फिर किसी तरह का प्रतिवाद न करके चुपचाप चल दिया। उसके चले जाने पर राखाल बाबू अपने ही आप हंसकर कहने लगे–"बेटा दो-चार पन्ने अंग्रेजी पढ़के हम लोगों से बहस करने को तैयार है! कैसी बात सुना दी! दूसरे के खर्च से जहर मिल जाए, तो क्या वह भी खाना होगा? बच्चू के मुंह से दूसरा शब्द भी न निकल सका। ऐसी अकाट्य युक्ति को क्या कोई काट सकता है?"

ब्याह का सब कुछ पक्का हो जाने पर बड़ी बहू ने एक दिन अनुपमा से कहा, "तुम्हारे दूल्हे की सुख्याति तो गांव में समाती ही नहीं।"

अनुपमा ने मन्द मुस्कराहट के साथ कहा, "जिसके सती-साध्वी स्त्री है, दुनिया में उसके लिए सुख के सभी द्वार खुले रहते हैं।"

"फिर भी तो अभी ब्याह नहीं हुआ?"

"ब्याह हम लोगों का बहुत दिन पहले हो चुका है; अवश्य ही उसे दुनिया नहीं जानती, पर भीतर-भीतर हम दोनों के हृदय का पूर्णमिलन बहुत दिन पहले हो गया है।"

बड़ी बहू जरा हंसी; ओठों को जरा संकुचित करके और जरा ठहरकर बोली, "यह बात और कहीं मत कह बैठना; मैं बूढ़ी मौगी हूं, फिर भी मुझे कहनात तो दूर रहा—ऐसी बात सुनने में भी शरम लगती है; और तुम सभी बातें ऐसे कह जाती हो जैसे थियेटर में एक्टिंग करती हो; इस तरह के रोगी को तो लोग पागल कहेंगे।"

"मैं प्रेम में पागल हूं!"

विवाह

आज वैशाख की पंचमी है। अनुपमा के विवाहोत्सव के कारण गांव-भर में धूम मची हुई है। जगबन्धु बाबू के घर आज भीड़ का कोई ठिकाना नहीं है, भीड़ समाती ही नहीं। एक तरफ खिलाने-पिलाने का ठाट और दूसरी तरफ बाजों की धूम। ज्यों-ज्यों शाम करीब आने लगी, त्यों-त्यों धूमधाम बढ़ने लगी। गोधूलि के बाद ही ब्याह है; दूल्हा आता ही होगा, सभी लोग उत्साह और आग्रह से उद्ग्रीव हो रहे हैं।

पर दूल्हा है कहां? राखाल बाबू के घर शाम के पहले से ही शोर मच रहा है– सुरेश गया किधर? 'इधर ढूंढ' और 'उधर ढूंढ़', 'इधर देख' और 'उधर देख' मचा हुआ है। फिर भी कोई सुरेश को ढूंढ नहीं पा रहा है। कुसंवाद के पहुंचने में देर नहीं लगती; बिजली की तरह उड़ती हुई यह बात जगबन्धु बाबू के घर भी पहुंच गई। घर-घर के सभी सिर पर हाथ रखकर बैठ गए–ऐं, कैसी बात?

ठीक आठ बजे लग्न है, मगर नौ बज रहे हैं; कहीं भी दूल्हे का पता नहीं चल रहा है। जगबन्धु बाबू सिर धुनते हुए इधर से उधर दौड़ने लगे। अनुपमा की मां रोती हुई उनके पास आकर कहने लगी–"अब क्या हो, जी?"

जगबन्धु बाबू उस समय आधे पागल-से हो रहे थे। चिल्ला उठे, "होगा मेरा श्राद्ध; और क्या होगा?" इस अभागी लड़की के लिए बुढ़ापे में मेरी इज्जत गई, यश गया, जात गई, सब गया मेरा तो; अब जात बाहर से होकर रहना होगा। क्यों मैंने अपनी मिट्टी खराब कराने के लिए बुढ़ापे में तुमसे ब्याह किया, तुम्हारी ही वजह से आज यह अपमान हो रहा है। शास्त्रों में ही लिखा-स्त्रीबुद्धि प्रलयंकारी। तुम्हारी बातों में आकर अपने ही पांव पर

कुल्हाड़ी मार ली मैंने! जाओ, अपनी लड़की को लेकर चली जाओ, मेरे सामने से दूर हो जाओ!

हाय! अनुपमा की मां के दुःख का वर्णन करने की जरूरत नहीं। इधर यह हाल है और उधर एक और आफत। अनुपमा को बार-बार मूर्च्छा आ रही है।

इधर रात बढ़ती चली जा रही है; दस, ग्यारह, बारह बजते-बजते क्रमशः एक, दो बज गए; परन्तु कहीं भी सुरेश का पता नहीं।

सुरेश मिले, चाहे न मिले, मगर अनुपमा का ब्याह तो करना ही होगा। क्योंकि आज रात को ब्याह न हुआ, तो फिर जगबन्धु बाबू की जात चली जाएगी।

आखिर रात के करीब तीन बजे मुहल्ले के पांच पंचों–जगबन्धु बाबू के हितैषी मित्रों ने मिलकर पचास वर्ष के बूढ़े, दमा के रोगी रामदुलाल दत्त को दूल्हे के वेश में लाकर खड़ा कर दिया।

अनुपमा ने जब सुना कि इस तरह से उसका जीवन नष्ट करने का उद्योग हो रहा रहा है, तो वह मूर्च्छा छोड़कर मां के पैरों पर लोट गई, "ओ मां! मेरी रक्षा करो, इस तरह मेरे गले पर छुरी मत फेरो! यह ब्याह होगा तो तुम निश्चय समझ लेना, मैं आत्मघात करके मर जाऊंगी।"

मां ने रोते हुए कहा, "मैं क्या करूं बिटिया?"

मुंह से वे चाहे कुछ भी कहें, पर लड़की के दुःख और आत्मग्लानि से उनका हृदय जला जा रहा था, इसी से रोती-झींकती हुई वे फिर पति के पास पहुंचीं। बोली, "सुनते हो, जरा सोच-समझ लो, नतीजा क्या होगा। यह ब्याह हो गया तो लड़की मेरी जहर खाकर मर जाएगी!" जगबन्धु बाबू कुछ उत्तर न देकर अनुपमा के पास पहुंचे और गम्भीरता के साथ बोले, "उठो, सबेरा हुआ जा रहा है।"

"कहां जाऊं, बाबूजी?"

"अभी कन्यादान करना है।"

अनुपमा रो उठी, "बाबूजी, मुझे मार डालो–मैं जहर खा लूंगी।"

"यदि तबीयत में आए, तो कल खा लेना, आज ब्याह देकर मैं अपनी जात बचा लूं। फिर जो जी में आए सो करना–जहर खाना, तालाब में डूब

मरना, मैं एक बार भी मना नहीं करूंगा।"

कैसी कठोर बात है! अब तो सचमुच ही अनुपमा का कलेजा कांप उठा। बोली, "बाबूजी, मुझे बचाओ!" बहुत चिरियायी, बहुत रोई-बिलखी, पर कोई फल न हुआ। दृढ़ प्रतिज्ञ जगबन्धु बाबू ने उसी रात को रामदुलाल दत्त के साथ अनुपमा का ब्याह कर दिया।

बहुत दिनों से पत्नीहीन वृद्ध रामदुलाल के घर पर अपना कहने को कोई नहीं था। दो पुराने ईंटों के बने घर, जरा-सा साग-सब्जी का बगीचा—बस यह दत्त महाशय की सांसारिक सम्पत्ति थी। बहुत तकलीफ के साथ उनके दिन गुजरते थे। ब्याह करके दूसरे ही दिन वे अनुपमा को अपने घर ले आए, साथ-साथ बहुत-सी खाने-पीने की चीजें आयीं, दास-दासियां आयीं, कोई तकलीफ नहीं—छह-सात रोज उनके बड़े आनंन्द से बीत गए। ससुर बड़े आदमी ठहरे—अब उन्हें कोई चिन्ता नहीं, ब्याह करके उनकी तकदीर जग गई। परन्तु अनुपमा की बात दूसरी थी। और दो दिन रहकर जब वह मायके लौटी, तो उसका चेहरा देखकर दास-दासियों ने भी छिपकर अपने आंसू पोंछ लिये।

"घर जाकर प्राण दे दूंगी," यह बात अनुपमा ने ससुराल में ही तय कर ली थी। अब सचमुच ही वह मर जाना चाहती है। बहुत रात बीत जाने पर जब घर के सब लोग सो रहे, तो वह चुपके से उठकर और पीछे वाले दरवाजे से निकलकर बगीचे के तालाब की सीढ़ियों पर जाकर बैठ गई। आज उसे मरना होगा—जबानी नहीं, सचमुच ही मरना होगा। अनुपमा को याद आया-और भी एक दिन मैं यही करने आयी थी। वह ज्यादा दिन की बात नहीं है, लेकिन तब मर नहीं सकी; क्योंकि तब एक आदमी ने आकर मुझे पकड़ लिया था। आज वह कहां हैं? जेलखाने में सजा भुगत रहा है। किस कसूर पर? वह सिर्फ इतना कहने आया था कि मैं तुमसे प्रेम करता हूं। किसने उसे जेल भिजवाया? चन्द्र बाबू ने। क्यों? इसलिए कि वे उसे फूटी आंख नहीं देख सकते थे, वह शराबी था, उसने अनधिकार प्रवेश किया था, मगर मैं क्या उसे बचा नहीं सकती थी? बचा सकती थी, पर मैंने यह नहीं किया; बल्कि उसे जेल भिवाने में सहायता ही की। आज वह सोचने लगी—ललित क्या सचमुच ही मुझसे प्रेम करता था? हो सकता है कि करता

हो, शायद न भी करता हो। नहीं; पर उस सजा दिलवाने से मुझे क्या मिल गया, कौन-से इष्ट की सिद्धि को गई? जेल में वह पत्थर तोड़ रहा होगा; कोल्हू चला रहा होगा; और भी न जाने क्या-क्या नीच काम कर रहा होगा; इससे चन्द्र बाबू को भले ही कुछ लाभ हुआ हो; पर मुझे क्या लाभ? उसे सजा न हुई होती तो क्या मैं उन्हें पा सकती, जो अभी आनन्द के साथ अपनी उन्नति के लिए जहाज पर सवार होकर विलायत जा रहे हैं? अनुपमा बैठी-बैठी बहुत देर तक रोती रही; फिर पानी में उतरी। घुटने तक, छाती तक, गले तक, फिर क्रमशः डुबान-पानी में जा पहुंची। कोई आधे मिनट तक पानी के भीतर डूबी और फिर उतरा आयी। वह तैरना जानती थी, इससे सारा तालाब ढूंढ मारने पर भी डूब जाने लायक पानी उसे कहीं नहीं मिला। उसने बहुत बार डुबकियां लगायीं, काफी पानी भी पेट में चला गया, मगर किसी भी तरह वह एकदम न डूब सकी। उसने देखा कि मरने का संकल्प करके भी; ज्यों ही डूबती हूं त्यों ही सांस रुकने लगती है और तब सांस लेने के लिए ऊपर तैर आना पड़ता है। इस तरह सारे तालाब में तैर-तारकर रात खतम होने के करीब जब उसने अपनी बिलकुल थकी हुई निर्जी देह को किसी तरह सीढ़ियों पर लाकर पटका, तो देखा कि किसी भी हालत में, किसी भी कारण से क्यों न हो; इस तरह जरा-जरा करके प्राण त्यागना आसान काम नहीं है।

पहले जब वह विरह-व्यथा से जर्जर होकर दिन में सौ-सौ बार मरने जाया करती थी, तब समझती थी कि प्राणों का रखना-न-रखना नायक-नायिका के बिलकुल हाथ की बात है; मगर आज वह सारी रात प्राणों के साथ खूब लड़-झगड़कर भी उन्हें निकालकर न फेंक सकी। आज वह अच्छी तरह समझ गई कि प्राणों को हमेशा के लिए विदा कर देना उसकी एकादश वर्षीय विरह-व्यथा में सम्भव नहीं।

पौ फटने के पहले जब घर आयी, तब उसका सारा शरीर मारे जाड़े के कांप रहा था। मां ने पूछा, "अनु, इतने तड़के उठकर नहा आयी, बेटी?" अनुपमा ने सिर हिलाकर जवाब दिया-हां।

इधर दत्त महाशय ने एक तरह से चिरस्थायी रूप से ही ससुराल में डेरा जमा दिया है। शुरू-शुरू में कुछ दिन उन्हें जमाई का-सा आदर-सत्कार

मिलता रहा, पर अब क्रमशः उसमें कमी होने लगी। घर-भर में किसी को भी अब वे देखे नहीं सुहाते। चन्द्रनाथ बाबू तो हर बात में उनका मजाक उड़ाते हैं, आवाजें कसते रहते हैं, हर तरह से उन्हें लांछित और अपमानित करते हैं। इसका एक कारण भी हो गया था। एक तो चन्द्र बाबू का हृदय वैसे ही ईर्ष्या-परायण था, उस पर जगबन्धु बाबू का दामाद अकर्मण्य है, इसलिए उसे कुछ धन-सम्पत्ति दे जाने को कह दिया था। अनुपमा कभी पास नहीं आती और सास भी कुछ खबर-सुध नहीं लेती, फिर भी रामदुलाल के दिन बड़े आनन्द से कट रहे हैं। आवभगत या किसी तरह के नाते-रिश्तेदारी के कायदे-कानून की वे जरा भी परवाह नहीं करते हैं; जो मिल जाता है, उसी से सन्तुष्ट हैं। दोनों वक्त सन्तोषजनक खाने को मिल जाता है, बुढ़ापे में इतने ही को वे काफी समझ लिया करते हैं। परन्तु उनके सुख-भोग के दिन जब ज्यादा बाकी नहीं थे। एक तो जीण-शीर्ण शरीर, उस पर पुराना दोस्त कास-रोग उसमें बहुत दिनों से आश्रय लिये बैठा था और हर साल ही जाड़ों में वह उन्हें स्वर्ग ले जाने के लिए खींचा-तानी करता था। अबकी बार भी जाड़ों में वह खूब खींचा-तानी करने लगा। जगबन्धु बाबू ने देखा कि यक्ष्मा रामदुलाल की नस-नस और गांठ-गांठ में फैल गया है! गंवई-गांव में उसका ठीक इलाज होता रहा, उसके बाद सती-साध्वी अनुपमा के सौभाग्य से दूसरा साल पूरा होते-न होते सदानन्द संसार त्यागकर चल दिये।

❑❑❑

www.ingramcontent.com/pod-product-compliance
Ingram Content Group UK Ltd.
Pitfield, Milton Keynes, MK11 3LW, UK
UKHW022122051026
15623UKWH00009B/1185/J

9 789387 233041